무의식으로부터의 불꽃

-마이클 아이건 박사의
서울 정신분석 세미나-

마이클 아이건
이준호 옮김

한국심리치료연구소

Flames From The Unknown:
Michael Eigen's Seoul Seminars on Klein, Winnicott and Bion

by Michael Eigen

본 저작물의 한국어판 저작권은
한국심리치료연구소가 소유하고 있습니다.
저작권법에 의하여 보호를 받는 저작물이므로
무단전재와 무단복제를 금합니다

무의식으로부터의 불꽃

발행일 • 2009년 4월 1일
지은이 • 마이클
옮긴이 • 이준호
펴낸이 • 이재훈
펴낸곳 • 한국심리치료연구소
등록 • 제 22-1005호(1996년 5월 13일)
주소 • 서울시 종로구 적선동 156 (광화문플래티넘 918호)
Tel • 730-2537, 2538 Fax • 730-2539
http://www.orips.net   E mail: orips@orips.net

값 15,000원

ISBN 978-89- 87279-91-6 93180

이 도서의 국립중앙도서관 출판시도서목록(cip)은 홈페이지
(http://www.nl.go.kr/cip.php)에서 이용하실 수 있습니다.
(제어번호: 2009000974)

무의식으로부터의 불꽃

-마이클 아이건 박사의
서울 정신분석 세미나-

Flames From The Unknown:
-Michael Eigen's Seoul Seminars on Klein, Winnicott and Bion-

Michael Eigen

목차

첫째 날 ………………………………………… 7

둘째 날 ………………………………………… 41

셋째 날 ………………………………………… 99

The First Day

첫째 날
(2007년 8월 23일)

먼저 마이크의 감을 느껴보도록 하겠습니다. 제 소리가 괜찮습니까? 오늘 이십여 명의 미술 치료사들이 온다고 들었습니다. 지금 다 오셨는지요. 제 아내는 미술 치료사이자 아동치료사 그리고 성인 치료사입니다. 다른 모든 분들과 함께 미술 치료사들을 환영합니다. 누군가를 만났을 때 제가 말한 단 하나의 문장 혹은 단 하나의 구절이 한 사람에게 의미가 있다면, 저는 행복합니다. 그것이 일어난다면 저는 매우 행복해 할 것이며, 그 이상이 일어난다면 더욱 기쁠 것입니다. 의미를 전달한다는 것, 의미를 의사소통한다는 것은 매우 어려운 일이고, 우리의 정신 체계와 머리와 영혼 안에는 너무나 많은 소음들로 인해 서로의 말을 알아듣기 힘들뿐만 아니라, 우리 스스로를 알아듣기 힘들지만 한번 시도해보겠습니다. 그리고 제가 여러분들께 의사소통을 하고 여러분이 제게 의사소통을 할 수 있는 이 기회를 환영합니다.

　　저는 광증의 정신분석에 대해서 이야기 하겠습니다. 여러분의 질문과 응답과 생각과 느낌에 대한 시간을 가질 것입니다. 저는 누가 끼어드는 것을 좋아하기 때문에 언제든지 여러분의 영혼의 움직임에 따라 끼어드시기를 바랍니다. 제가 말하는 내용 중에는 끼어들지 못할 정도로 중요한 것은 없으며, 어쩌면 그것이 더욱 중요할 수도 있습니다. 어쨌든 저는 이야기를 하겠지만, 여러분이 끼어들지 않으면 저는 계속 이야기를 하겠습니다.

　　정신분석 안에서의 광증에 대해 이야기를 하겠습니다. 프로이트로부터 이야기를 시작하겠지만, 오늘 세션에서 주로 다룰 것은 멜라니 클라인에 관한 것이며, 이를 위한 준비단계로서 프로이트 이야기로부터 시작하겠습니다. 광증은 정신분석의 시초부터 매우 중요했습니다. 프로이트의 공식 이론은 신경증에 관한 것입니다. 그러나 자세히 살펴보면, 그의 주요 개념은 정신증에서 발생하는 현상들에 대한 서술에서 가져온 것입니다. 환언하면, 그가 사용하는 개념은 광증과 정신증의 경험을 바탕으로 한 것이며, 그는 이를 신경증과 같은 현상을 설명하는 데 사용했습니다.

　　프로이트는 환자는 아니었지만, 다른 의사들과 함께 오랫동안 정신병원에서 지냈습니다. 그래서 그는 정신증적 행동을 많이 접했고, 또 시인들과 문학에서 그리고 혼자서 정신증에 관해 많은 것을 배웠습니다. 이에 대해 나는 나의 첫 번째 책인 「Psychotic Core」에서 자세히 다루고 있습니다. 여러분 중에 관심이 있으신 분들은 지금 말하는 내용의 일부를 그 책에서 찾아볼 수 있을 것입니다. 그의 개념들을 살펴봅시다. 원본능을 예로 들어보겠습니다. 프로이트는 원본능이 꽤나 광적이고, 모순투성이이고, 일반 상식이 통하지 않으며, 시간과 공간이 무너지고 뒤집히고 안과 밖이 바뀌는 특성을 갖는다고 인정했습니다. 이것은 아주 쉽게 찾아볼 수 있습니다. 그는 원본능의 광적인 부분들을 시적으로 그리고 낭만적으로 표현했습니다. 자아에서는 그런 광적인 부분을 찾아보기가 조금 더 어렵지만, 제가 찾아보도록 하겠습니다.

자아에 관한 이야기를 시작하기 전에, 잠시 다른 생각이 나서 여러분과 공유를 하겠습니다. 프로이트는 생애를 마감하기 얼마 전 마지막으로 남긴 글귀들에서 '원본능에 대한 자아의 지각이 신비주의다'라는 코멘트를 적었습니다. 그래서 제가 여러분에게 원본능은 여러 개의 광적인 구조들을 가지고 있다고 말했을 때, 이것이 신비주의에도 해당된다는 생각이 들었습니다. 거기에는 일반상식이 통하지 않고, 모순의 법칙이 적용되지 않으며, 시간과 공간은 초월되거나 다른 법칙에 따르는 등등이 있습니다. 그러므로 프로이트의 정신증적인 원본능에 관한 묘사와 프로이트가 그것을 통해 신비주의를 연상시킨 것 간에는 어떤 연결이나 공명이 있는 것 같습니다. 하나를 다른 하나로 축소하려는 것이 아닙니다. 단지 1920년경과 그가 생을 마감하기 얼마 전인 1930년경에 그의 이론에 나타난 원본능과 신비적인 경험 간의 유사성을 지적하려는 것입니다.

프로이트에게 있어서 자아는 꽤나 광적인 상태에서 출발합니다. 이것은 제가 지어내는 이야기가 아니라 그가 직접 말한 것이며, 지금은 몇몇 사람들도 알아보기는 하지만 알아채지 못하는 사람들도 있습니다. 그에 따르면, 자아는 시초에 환각성의 기관이며, 최초의 인지와 최초의 동기적 인지는 환각입니다. 이러한 생각이 조금 더 앞으로 나아간 것이 자아는 소원성취 기관이라는 생각입니다. 자아는 소원성취를 환각합니다. 추가적으로, 이와 관련하여 자아가 가지는 최고의 환각 중 하나는 고통이 존재하지 않는다는 것이며, 고통 대신에 쾌락을 환각합니다. 유아는 고통이 존재하지 않거나 기쁨이나 쾌락 혹은 아름다운 경험을 환각하면서 고통을 극복합니다. 따라서 삶의 초기 자아의 광증은 이중적인 환각, 즉 양성의 환각과 음성의 환각을 경험하는 것으로 드러납니다. 고통이 존재하지 않다고 환각하거나 소원성취나 쾌락을 환각합니다. 그는 예를 듭니다. 이것은 단지 환상입니다. 이에 대한 증거는 없습니다. 단지 하나의 생각일 뿐입니다. 그의 예는 배고픔을 느낄 때, 지옥과 같은 고통을 느끼는 아기에 대한 것입니다. 그 배고픔에는 경계가 없기 때문에 아기는 배고픔이 언제 끝날지도 모르는 상태에서, 젖가슴이 있다는 환각 혹은 배불리 먹는 환각을 통해 한동안 배고픔의 고통을 진정시킵니다. 그는 매우 현실적인 고통, 매우 현실적인 배고픔을 진정시키기 위해 배를 채우는 것을 상상합니다.

    프로이트에 의하면, 인간은 욕망들이 충족되지 못하는 데 따르는 고통을 없애기 위해 욕망들이 성취되었다고 상상하는 근본적인 성향을 갖고 있다는 점에서, 인류는 미쳐있다고 말합니다. 그리하여 우리는 살아남기 위해 우리 자신을 사라지게 하는 데 전문가가 됩니다. 우리가 살아남기 위해 우리 자신의 일부를 사라지게 만드는 존재, 즉 스스로를 사라지게 하는 존재라는 생각은 참으로 놀랍습니다. 이것을 알아차리지 못하고, 그것이 어느 정도인지를 알지 못한다면, 우리는 자신의 인생에 대해 완전한 진실을 알지 못하고 있는 것입니다. 이것이 진실이고, 이에 대해 우리가 생각을 하고 있다면, 우리는 이를 맛보고 냄새 맡고 살아가야만 하며, 그래야만 그것이 우리를 침범해 오지 않을 것입니다. 우리는 바깥으로부터 우리 자신을 사라지게 만들 것입니다. 이 세상에서 일어나는 엄청난 폭력은 우리 본성에 대해 이 사실을 말해주고 있습니다. 그러나 우리는 그저 외부 탓을 하고 있기 때문에 그 말을 알아듣지 못합니다. "봐, 저 바깥 세상에 있는 게 바로 폭력이야"라고 말합니다. 우리는 우리 자신을 사라지게 하는 내면의 기제를 알아채지 못하는데, 그것은 우리가 내면의 고통을 견디지 못하기 때문입니다. 마치 살아있음 그 자체가 견딜 수 없는 것처럼 느껴집니다. 살아있다는 것이 견딜 수 없습니다. 그것은 너무나 격렬합니다. 만약 감정의 강도를 있는 대로 느낀다면, 우리는 허우적대거나 그것을 견디지 못하고 흩어지게 될 겁니다. 프로이트는 이것을 최초의 외상, 일차적 외상, 범람이라고 불렀고, 우리는 우리 자신의 외부와 내면의 경험들에 의해 범람된다고 말합니다. 우리가 경험을 감당할 수 없을 때, 우리는 사라지게 됩니다. 아기가 힘들 때 어떻게 합니까? 아기는 인사불성이 되고 잠이 들어 의식을 잃게 됩니다. 우리 역시 성인의 방식으로 유감스럽게도 너무 자주 의식을 잃습니다. 그러므로 우리는 고통에 직면해서 스스로를 사라지게 하고 고통이 없다는 환상을 만들어 내는 사실을 알아야 합니다. 그리고 그것에 대해 사색을 하고 창조적인 자기 성찰을 해야 합니다. 꽤나 광적인 상태에 있는 것, 그것이 바로 우리의 자아입니다.

앞으로 3일간 함께 하면서 알게 되겠지만, 그러한 광증에 대해 저나 여러분이 무언가를 할 수 있으리라고는 기대하지 않습니다. 그것은 그냥 놔두는 것이 좋습니다. 그러나 정신의 과정을 맛보고 냄새 맡고 느끼기 위해 제가 "정신의 맛을 느낄 수 있는 감각능력"이라고 부르는 것을 개발하는 것은 필요합니다. 그 광증을 없애려고 하지 마세요. 그것은 다시 사라지게 만드는 것에 지나지 않아요. 그것을 조금 더 맛보려고 노력해보세요. 그것과 함께 살아보고 무슨 일이 일어나는지 지켜보세요. 프로이트는 그 자아가 발달하면서, 자신을 사라지게 하는 것을 사용해서 살아있음을 다루고, 그것의 자극을 견디는, 사회적인 자기가 된다고 말합니다. 이에 대한 훌륭한 예는「프로이트의 집단심리학과 자아의 분석」이라는 책에 나와 있습니다. 거기에서 그는 전이와 이상화에 대한 이야기를 합니다. 그는 자기 이상화뿐만 아니라 다른 여러 집단과 권위자들의 이상화를 다룹니다. 그는 이상화 안에서 환각작용이 일어나고 있다고 보았고, 이런 환각작용을 통해 이상화에 의해 해결되지 않은 고통으로부터 벗어난다고 보았습니다. 개인적으로, 저는 우리의 이상화 경향이 많은 장점들을 가져다준다고 생각합니다. 이상화 경향을 취소해버리거나 비방하거나 없애버리자는 것이 아닙니다. 이것은 매우 실질적인 것이어서 숨 쉬는 것을 배우는 것처럼 그것과 함께 살아가는 것을 배워야 합니다.

이제 프로이트는 마술사와 같은 재주를 부립니다. 그에 의하면, 자아는 정신증적 상태에서 출발하지만, 현실을 지각한다는 점에서 이중적 능력을 지닌 이중 대리인입니다. 그것은 환각에 기원을 둔 상태에서 현실에 대한 지각을 발달시킵니다. 그것은 마치 프로이트가 "어째서 환각적 기관이 비환각적 자질을 갖는 것인가?"라는 질문을 던지는 것과도 같습니다. 그는 이 문제를 해결하지 못했습니다. 아무도 해답을 찾지 못했습니다. 적어도 그 질문이 제기된 방식대로 대답을 제시한 사람은 없습니다. 그러나 다른 관점에서 본다면, 그는 우리가 가지고 있는 이 두 가지 능력에 경의를 표하고 있으며, 그것은 우리가 가진 소중한 자산이라는 것을 말하고 있습니다.

프로이트는 그가 좀 더 젊었을 때에 성적 리비도 활력에 관한 이론을 개발했습니다. 그는 활력의 경험과 관련해서 다방면의 관심을 가지고 있었습니다. 그리고 나이가 좀 더 들어서는 파괴적 본능, 타나토스, 혹은 죽음 본능에 관한 이론을 개발했습니다. 그가 젊었을 때에는 생명본능이 성격에 내재된 공격성을 지녔다고 보았습니다. 생명본능은 온순하거나 부드러운 것이 아니었습니다. 생명본능은 허기에 찬 것이고, 욕심이 많고 공격적인 야망을 지니고 있었으며, 무언가에 의해 쫓기고 있었습니다. 생명본능은 생명에 대한 허기에 의해 쫓기고 있습니다. 그것은 온순하거나 수줍은 어떤 것이 아니었습니다. 그것의 관심은 생명을 최대화하는 것이었습니다. 그리고 그 생명본능은, 인류의 역사에서 알 수 있듯이, 살인을 합니다. 생명본능으로 인해 살인을 저지릅니다. 네가 가지고 있는 것을 내놓아라. 나는 네 것을 원한다. 나는 네 생명을 빼앗아 나의 것에 더하고 싶다. 그러므로 생명본능은 매우 위험한 것입니다. 이를 통제할 수 있는 것은 별로 없습니다. 자아는 우리가 살인자이고, 우리의 생명본능이 위험하다는 사실을 잘 수용하지 못합니다. 혹자들은 이를 무시하거나 축소시키려 합니다. 그 결과, 우리는 우리가 얼마만큼의 생명력을 견딜 수 있는가에 관심을 갖게 되고, 그것을 통제하기 시작합니다. 덜 살아있을 수 있는 방법을 찾기 시작합니다. 살아있음의 강도를 살짝 낮추어 봅니다. 우리를 죽일 수 있는 그 생명본능을 조금 죽여 봅니다. 생명본능은 우리를 죽일 것입니다. 그것은 다른 이들을 죽이고 욕망에 사로잡힌 굶주린 상태에서 우리를 죽일 것입니다. 그러므로 우리는 살기 위해 생명과 타협을 해야 합니다. 살기 위해서 생명본능을 조금 죽여야 합니다.

그는 나이가 들면서 인생의 말년에는 1차 세계대전을 겪었고, 2차 세계대전 발발직전에 고향을 떠나야 했습니다. 앞으로 얼마나 끔찍한 일들이 벌어질지는 잘 모르고 있었지만, 그는 그것을 이미 어렴풋이 보았습니다. 그는 딸을 잃었고, 암과 싸워야 했습니다. 그리고 그는 자신이 생각했던 대로 변하지 않는 특정 환자들에 대해 의문을 품기 시작했습니다. 그는 리비도 이론을 유지하려고 했습니다. 리비도가 너무 끈끈한 것일까? 리비도가 너무 약한 것일까? 아니면 리비도 자체가 뭔가 잘못된 것일까? 결국 그는 파괴적인 본능이라 불리는 죽음본능을 추가하게 되었습니다. 이 본능은 무를 향하며, 인간을 무생물의 상태로 돌려놓습니다. 이 본능은 삶의 긴장을 지탱하지 못하고, 갈등과 긴장과 삶의 성마름을 취소시키며, 제로 상태를 향해 되돌아가는 경향을 갖고 있습니다.

우리는 죽음본능이 생물학적인 측면에서는 많은 문제점을 갖고 있다는 것을 알고 있습니다. 하지만 저는 그런 측면에 대해 이야기하지는 않을 것입니다. 어쩌면 죽음본능은 생명본능의 일부일지도 모릅니다. 그것은 가능합니다. 그러나 하나의 묘사로서, 하나의 시적인 묘사, 인간의 자기 파괴에 대한 장엄한 묘사로서 가능하다는 점에서, 그것은 일종의 징표이며 깃발입니다. 그것은 "이걸 좀 보세요. 무언가가 일어나고 있어요"라고 말하고 있습니다. 이것에 대해 더 좋은 묘사 방법이 있을 수도 있겠지만, 어쨌든 우리는 그것에 대해 말하지 않으면 안 됩니다. 왜냐하면 그것은 치명적이고, 우리의 일부이기 때문입니다.

지금까지 저는 프로이트의 개념들이 지닌 몇 가지 측면들을 제시하면서, 원본능과 자아에는 광증이 스며들어 있다고 지적했습니다. 아직 초자아에 대해서는 말하지 않았지만, 대부분의 분석가들은 초자아가 쉽게 광증에 빠지고, 성격의 나머지 부분들을 지나치게 박해한다고 생각하고 있습니다. 그것은 마치 원본능 혹은 자아의 파괴성이 재순환되는 과정을 통해 자아와 원본능을 향해 다시 흘러가는 것과도 같습니다. 마찬가지로 지나치게 야심에 찬 파괴적이고 박해적인 초자아가 성격의 나머지 부분들을 공격하는 모습은 꽤나 광적인 것입니다. 그러나 제가 말씀 드리고자 하는 것은 초자아와 원본능만이 광적인 것이 아니라 자아도 꽤나 광적이라는 것입니다. 그러므로 프로이트가 말하는 주요 구조들 안에는 정신증 수준에 해당되는 수많은 질문들이 스며들어 있습니다.

프로이트가 말한 것이 단지 "타협하고, 현실을 생각하고, 일반 상식과 논리에 맞추어 살아야한다"라는 의미로 받아들여지기 쉽다는 점 때문에, 저는 이처럼 어두운 이야기부터 했습니다. 그러나 그의 이론을 깊이 들여다보면, 온전한 정신이라는 것도 상당히 광적일 수 있으며, 종종 광적인 것으로 드러난다는 것을 알 수 있습니다. 한 집단에게 온전한 정신인 것이 다른 집단에게는 광적인 것이고, 이 두 집단 간의 적개심은 '나는 옳고 너는 그르다'라는 식으로 합리화됩니다. 그러므로 우리가 온전한 정신이라고 부르는 것 안에서 작동하고 있는, 프로이트가 말하는 기제들은 대단히 의심스러운 것입니다. 온전한 정신은 거의 언제나 미친 정신입니다.

이제 멜라니 클라인에 대한 이야기로부터 시작하겠습니다. 클라인은 프로이트의 죽음본능이 남겨놓은 지점에서 자신의 생각을 펼쳐갑니다. 그녀는 죽음본능 분석가이며, 전쟁이라는 문화적 맥락 안에서 자신의 개념들을 개발합니다. 그녀가 그리는 정신은 전쟁의 심리학입니다. 이것은 파괴적인 욕망을 담고 있는 파괴본능에 관한 심리학입니다. 유대교 신비주의 전통은 인간의 선한 경향과 악한 경향에 대해 말하고 있습니다. 클라인의 정신분석은 우리의 파괴본능이 지닌 악한 경향에 초점을 두고 있습니다. 그녀는 또한 프로이트의 이론에 암시되어 있던 것들을 명시적으로 설명해줍니다. 즉, 프로이트의 개념들에 숨어있는 광증에 대한 관심 말입니다. 비록 표면은 황철광으로 덮여있지만, 그 안에는 모든 광증이 들어있습니다. 우리는 그것을 마치 훔친 편지인 것처럼 읽어보아야 합니다. 거기에 프로이트의 모든 광증이 들어있습니다. 그것은 마치 그가 이야기의 초점을 인간의 죄에서 인간의 광증으로 바꾼 것과도 같습니다. 그러나 클라인에게서 그것은 명료하게 드러나게 되었습니다. 왜냐하면 그녀의 심리학은 정신증적 갈등과 정신증적 고통을 명시적으로 다루고 있기 때문입니다. 제 생각에는 그녀의 연구야말로 광증에 초점을 맞춘 유일하게 체계적인 또는 비체계적인 연구라고 생각됩니다. 아니, 잠깐, 그 말이 꼭 맞는 것은 아닌 것 같군요. 저는 페더른을 생략하고 있는데, 아마도 그가 정신증에 대한 최초의 연구자일 겁니다. 하지만, 그 누구도 클라인만큼 맹렬하게 정신증적 갈등 안에 있는 파괴 충동에 관해 탐구하지는 못했습니다.

클라인이 정신증적 갈등과 정신증적 고통에 대한 이야기를 시작하자, 마치 물꼬가 트인 것처럼 여러 창의적인 분석가들이 정신증에 관한 이야기를 시작했습니다. 비온의 이론, 위니캇의 이론, 앙드레 그린의 이론, 마리온 밀너의 이론 등은 모두 클라인의 이론을 밑바탕에 깔고 있습니다. 그리고 그들은 클라인과는 다른 방식으로 자신들의 견해를 제시했습니다. 어쨌든 클라인이 말을 꺼내자, 즉 그 문제에 접촉을 하자, 묶여있던 에너지가 풀리면서 광증이 작용하는 수많은 방식들을 인지하고 상상하고 보고 접촉할 수 있게 되었습니다.

그녀의 이론 중심에는 너무나도 간단한 역동, 비전, 관찰, 상상, 혹은 맛이 있습니다. 실존적 심리학과도 잘 들어맞고, 이후 학자들의 많은 노력 덕분에 어쩌면 여러분도 이런 깨달음에 도달할 수 있을 것입니다. 그녀는 정신증적 불안의 근원에는 멸절, 즉 멸절불안이라고 불리는 것이 있다고 느꼈습니다. 그것은 여러 수준들에 퍼져 있습니다. 그녀에게 그것은 아주 물리적인 것입니다. 그것은 신체 안에도 그리고 정신 안에도 있습니다. 그것은 또한 미치는 것에 대한 두려움이요, 자기를 잃어버리는 것에 대한 두려움이며, 신체적인 멸절뿐만 아니라 정신적인 멸절에 대한 두려움이기도 합니다. 그리고 조금만 성찰해보면, 여러분들 중에도 정신적 멸절이 육체적 멸절보다 훨씬 더 공포스럽다는 생각에 동의하시는 분들이 있을 것입니다. 그녀는 이런 불안에 대해 이야기를 하면서, 그것을 그 불안을 다루고 반응하는 정신증적인 방식들과 연결시킵니다.

그녀는 관찰했습니다. 인류학적인 방식으로 관찰하는 것은 훨씬 더 쉬울 수 있습니다. 하지만 그녀는 마치 블라밧스키 부인이 그랬던 것처럼 자신의 비전을 갖고 그것을 관찰했습니다. 그녀는 오직 정신분석적인 것들을 보았습니다. 그리고 그녀는 두 가지의 주요한 미치는 방식이 있다는 관찰했습니다. 모든 문화 그리고 모든 시대에는 우리가 정신분열증 혹은 우울증이라 불리는 것 때문에 미쳐버린 사람들이 있습니다. 그녀는 이것이 미치는 방식일 뿐만 아니라, 광증과 멸절불안에 대해 방어하는 방식들임을 알아차렸습니다. 그것은 마치 멸절을 당하지 않기 위해 미쳐버리는 것과도 같은 것입니다. 제가 지금 말하는 것은 모두 진실도 아니고 모두 거짓도 아닙니다. 그러나 그 안에는 뭔가가 있습니다. 그리하여 그녀는 그 두 가지 미치는 방식들을 멸절불안을 다루는 방식인, 방어들로 바꾸어 놓았습니다. 하나는 그녀가 편집-분열적 유형, 양태 또는 자리라고 부르는, 정신증적 불안 또는 멸절불안을 다루는 방식이고, 다른 하나는 같은 불안을 우울한 방식으로 다루는 우울적 자리입니다. 그는 사람들이 이 두 가지 방식을 사용해서 멸절불안에 대한 갈등을 다룬다고 보았습니다.

멸절불안에 대응하는 두 가지 양태 또는 자리는 수많은 복잡하고 미세한 과정들로 이루어져 있으며, 클라인은 그것들 중 몇 가지를 다루었습니다. 자아의 작용에 대한 프로이트의 사고를 따라 그녀는 몇몇 훌륭한 과정들을 발견했습니다. 그녀는 특히 편집 분열적 자리에서 자아가 고통을 없애기 위해 그것을 다른 곳에 옮긴다는 것, 흔히 다른 대상에게 투사하거나 텅 빈 공간에 고통을 집어넣는다는 것을 발견했습니다. 미국에 있는 많은 분석가들이 투사적 동일시라는 개념을 별로 좋아하지 않고 있고, 어떻게 보면 어색한 개념이지만, 그것은 우리가 투사하는 그것과 동일시되어 있다는 중요한 현실을 말해주고 있습니다. 우리는 고통을 없애려고 고통스러운 요소들을 다른 사람에게 집어넣지만, 무의식적으로는 그것과 동일시하고 있기 때문에 우리의 정체성은 우리가 다른 사람들에게 집어넣은 요소들과 묶여져 있습니다. 어쨌든 그녀는 미국인들이 별로 좋아하지 않았던 이 흥미로운 개념을 사용했습니다. 제 생각에는 어떤 용어를 사용하건, 클라인은 우리가 내다버리는 것들은 없어지지 않고, 우리의 많은 부분들과 깊이 연결되어 있다는 중요한 이야기를 하고 있다고 보입니다. 그것을 없애려고 다른 사람들에게 집어넣지만, 그것은 우리와 깊이 연결되어 있습니다. 그리고 유아들을 보면 알 수 있듯이, 다른 사람에게 집어넣은 것은 부메랑처럼 자신에게 돌아옵니다. 무서운 것들을 투사하면, 무서운 것이 보입니다. 악몽 같은 요소들을 투사하면, 악몽들이 보입니다. 그리고 더 편집증적으로 고립되고, 괴물 같은 구조물로부터 숨으려 하고, 그것들을 없애려 하지만, 그만큼 그것은 돌아옵니다. 그것이 심리적 자리입니다. 그것이 편집 분열적 자리인데, 클라인은 그 안에 여러 가지 기제들이 작용한다고 합니다. 그 중에는 분열과 이상화가 있습니다. 프로이트가, 자아가 정신의 일부를 제거하기 위해 권위 인물을 이상화한다고 했던 말을 기억해보십시오. 클라인은 그 자리 안에 분열, 이상화, 부인, 조적 방어 등 네 가지의 주요 방어기제들이 작용한다고 보았습니다. 컨버그를 읽어보신 분들은, 그가 클라인이 멸절불안에 대처하는 데에 했던 이 네 가지 기제들을 경계선 장애에 대한 설명에 접목시킨 것을 알 수 있을 것입니다. 즉, 컨버그가 경계선 장애에 대해 묘사하는 것들이 클라인이 설명한 멸절불안에 대한 정신증적 기제의 작용과 일치합니다. 그렇게 해서 우리는 편집증적 요소에 대해 알고 있으며, 그것이 프로이트가 정신증에 대해 서술한 거의 전부입니다. 그가 정신증에 관해서 쓴 저서들은 대부분 편집증에 관한 것입니다. 프로이트는 정신증에는 오직 두 가지가 있다고 말했습니다. 그 중 하나가 편집증이고, 다른 하나는 그가 이름을 지어서 붙였지만 아무도 그것에 관심을 기울이지 않았습니다. 신만이 그 의미를 알고 있을 것입니다. 그것은 편집증 이외에 모든 것을 지칭하는 것이었습니다. 프로이트는 자아의 작용을 연구함에 있어서 편집증에 대한 연구가 매우 중요하다고 느꼈고, 클라인은 그것을 자신의 과제로 삼았습니다.

이제 우리는 클라인의 편집증적 작용과 프로이트가 말하는 자아가 이상화, 환각, 분열을 사용해서 고통으로부터 스스로를 방어하는 것 간의 연결고리를 볼 수 있게 되었습니다. 클라인이 핵심적으로 말하고자 하는 것은 여러 가지의 고통이 있지만, 예컨대 배고픔도 그 중 하나지만, 가장 중요한 고통은 멸절에 대한 공포라는 것입니다. 그리고 프로이트는 집단 심리와 꿈에 대한 그의 첫 번째 책에서 비슷한 이야기를 했습니다. 이상화는 환각의 일종이며 분열이라는 등의 이야기를 말입니다. 우리는 클라인과 프로이트간의 연결에 주목할 필요가 있습니다. 클라인의 분열과 관련해서 흥미로운 것은, 그것이 죽어있음 혹은 느끼지 않는 것을 설명할 때 사용되고 있다는 것입니다. 멸절불안을 멀리하기 위해 계속해서 분열을 시키면 그 분열은 마치 증식시키는 방법은 알지만 그것을 다시 줄이는 방법은 알지 못하는 마법사의 조수처럼, 끊임없이 증식하는 바람에 자아를 구하는 것이 아니라 오히려 자아를 분산시키는 결과를 가져오게 됩니다. 정신이 분산되고 점점 얇게 퍼지면서 마침내 접촉을 잃고 스스로를 느끼지 못하게 됩니다. 마치 분열이 극에 달할 정도로 분산이 되면, 자신이 살아있고 존재하고 있다는 것을 느낄 수 있는 능력을 완전히 잃게 되며, 점점 더 존재하지 않는 것처럼, 죽어있는 것처럼 무감각해지고 맙니다.

다른 하나의 자리는 우울적 자리인데, 그것은 불안, 박해불안, 멸절불안 등에 대처하는 방법입니다. 클라인과 비온 모두는 우울증이 박해적이라고 말합니다. 우울증은 자기를 방어하는 박해적인 방법이며 스스로를 박해하는 방법입니다. 클라인은 우울적 자리에서 유아의 자아는 스스로가 파괴적이고 원본능 자체가 파괴적이라고 느끼는 것을 통해서 멸절불안을 해결한다고 말합니다. 우리는 인과적인 사고를 통해 정신적 혼탁, 정신적 모호함을 해결합니다. 나 때문이다. 너 때문이다. 내가 나쁜 놈이다. 네가 나쁜 놈이다. 마치 시소와도 같습니다. 우리는 '너 때문에 내가 이런 기분이 드는 거야' 혹은 '나 때문에 네가 그런 기분이 드는 거야'와 같은 말들로 멸절불안을 조직화 하려고 합니다. 우리를 멍하게 만드는 이 멸절불안에 인과적인 형태를 부여함으로써 그 작용을 통제해보려고 합니다. 그리고 클라인이 생각하는 방법은 아기가 '나 때문에 엄마가 기분이 나빠' 라고 말한다는 것입니다. 이는 우울증의 투사와도 같습니다. 그 투사는 엄마를 향해 있습니다. '내가 엄마를 기분 나쁘게 만들고 있다.' 물론 어떤 엄마들에게는 자주 혹은 모든 엄마들에게는 가끔 이것이 투사가 아닙니다. 엄마는 정말 우울하고, 기분이 나쁘며, 아기를 탓하기도 합니다. 그것은 지금 말하는 것과는 전혀 별개의 것입니다. 그 문제는 아마 나중에 다시 다룰 것입니다.

그러나 지금은 클라인의 이야기에 초점을 맞추겠습니다. 그리하여 아기는 멸절불안을 해결하기 위해 스스로에게 인과성을 부여하는데, 이때 투사하는 대신에 내사를 합니다. '나 때문이야. 내가 괴물이야. 내가 나에게 밥을 주는 손을 물었어. 내 탓이야.' 이것은 수치심과 죄책감을 위한 준비 과정입니다. 그리고 이 설계도 안에서 클라인은 죄책감이 더 높은 발달 단계라고 서술합니다. 아기는 이제 엄마가 나를 박해하는 것이 아니라 내가 엄마를 박해하고 있다는 것을 느낄 수 있습니다. 다 내 잘못이기 때문에 내가 바로 잡아야 한다는 생각을 클라인은 보상충동이라고 부릅니다. 나는 보상하고 싶습니다. 나는 내가 손상시킨 것을 고쳐주고 싶습니다. 바로 잡고 싶습니다. 나는 엄마를 기분 좋게 만들고 싶고, 그렇게 파괴적인 존재가 아니라는 것을 확인해야 나도 기분이 좋아질 수 있습니다. 즉, 다른 사람에게 파괴성을 투사해서 그들을 나쁜 대상으로 만들던지 아니면 그 나쁨을 내사하여 스스로가 나쁜 사람이 됩니다. 어떤 경우든 간에, 그것은 모두 우리가 멸절불안을 어떻게 해야 할지 모른다는 끔찍스런 사실을 다루기 위해 형성된 제한된 인과구조입니다. 그 불안은 거기에 있으며, 우리는 자연스럽게 그것에 대해 남을 탓하거나 스스로를 탓하는 편집증과 우울증과 같은 방어들을 사용합니다. 그러나 더 넓은 파노라마의 시각에서 본다면, 우리는 우리의 파괴적인 충동과 멸절 공포들에 대해 어찌할 바를 모르고 있습니다. 우리는 이에 대한 해답을 찾지 못했으며, 지금까지의 방안들은 많은 문제점을 야기했습니다. 물론 이 방안들은 문명을 건설했고, 많은 좋은 것들을 가져다주었습니다. 그러나 오늘의 세상은 그로 인해 환경이 파괴되고 있고, 경제이익을 둘러싼 끝나지 않는 전쟁들이 계속되고 있으며, 이런 이야기는 끝이 없을 것입니다. 사회적 분열과 계층 간의 분열 등 수많은 분열들이 있지만, 그것들은 해결되지 않고 있고, 아직도 해결 방안을 모릅니다. 내일이나 모레 저는 비온의 이야기를 할 텐데, 그때 '나는 이에 대한 해답을 모릅니다' 라고 말할 수 있는 것이 얼마나 중요한지를 비온에게서 배우게 될 것입니다. '나는 무슨 일이 일어나고 있는지 모르겠습니다. 나는 적절한 방안을 갖고 있지 않습니다. 그러나 지금 무언가가 있어나고 있고, 과거의 방안들은 매우 한정적이어서 세계적인 위기가 초래되고 있다는 것을 알고 있습니다.'

한 가지만 덧붙이겠습니다. 편집분열적 자리와 우울적 자리 사이에는 많은 유동성이 있습니다. 그 유동성이 너무 심해서 사람들은 어느 쪽으로도 진단을 내릴 수가 있습니다. 프로이트의 슈레버 사례도 그렇습니다. 프로이트는 슈레버를 편집증적 정신분열증 혹은 편집증적 치매라고 진단을 내렸습니다. 오늘 날 필레오톤과 같은 다른 학자들은 슈레버를 우울증 혹은 양극성 장애라고 진단을 합니다. 사실 이 두 가지 영역을 분리시키는 것은 어렵습니다. 정통 클라인 학자들은 편집분열적 자리가 더 초기의 열등하고 원초적인 자리라고 주장하면서, 그 둘 사이의 분리를 유지하려고 합니다. 그리고 우울적 자리는 좀 더 우월하고 좀 더 인간적이고 소위 좀 더 건강하다고 말합니다. 그러나 제 생각에는, 만약 우리가 실제로 그런 시각에서 바라본다면, 우리는 자기 안의 어떤 요소들은 열등한 것이라고 비방하고 어떤 요소들은 우월한 것이라고 칭송하게 되기 때문에, 결국 그 두 가지 모두가 왜곡될 수 있습니다. 하나는 평가절하 하면서 다른 하나는 이상화 시키는 꼴이 됩니다. 이들은 정신병의 다른 형태이며 광적인 작용들은 사용하는 다른 방법들이라는 점에서, 저는 어느 하나가 더 낫다고 단정 짓지 않습니다. 대신 이를 사용하고 재분배하고 가치 있는 일에 사용하는 것이 중요하다고 봅니다.

편집증에는 다른 종류의 분열들이 있을 수 있습니다. 예를 들어 사랑과 증오간의 분열이 있습니다. 사랑을 느끼고 증오를 투사하는 경우가 있을 수 있습니다. 그래서 나쁜 것은 느끼지 않고 좋은 것만을 느낍니다. 혹은 증오를 느끼고 사랑을 투사할 수도 있습니다. 그것은 아주 간단한 분열입니다. 이런 분열은 나로 하여금 더욱 살아있다는 느낌을 갖게 합니다. 의식적으로는 더 죽어있다는 느낌이 들지 않습니다. 증오를 하거나 사랑을 할 경우, 나는 더 살아있다고 느낍니다.

그러나 더 무의식의 영역을 포함한 더 넓은 정신의 영역에서 볼 때, 내가 만약 분열을 한다면, 나는 사랑이나 증오를 통해 더욱 살아있음을 느낄 수 있습니다. 하지만 정신 전체는 그 대가를 치르게 됩니다. 다시 말해서 성격 전체가 대가를 치르게 됩니다. 나는 내 자신의 일부를 잃어버리는 대가를 치름으로써만 살아있다는 기분을 느끼는 것입니다. 나는 더욱 살아있다고 느끼지만, 그 대가는 줄어든 정체성, 작아진 정체성입니다. 의식적으로, 나는 나의 사랑 혹은 나의 증오와 동일시합니다. 그러나 무의식적으로, 나는 또한 내가 경험하고 싶지 않은 그 반대의 것과도 동일시합니다. 내가 의식적으로 더욱 살아있다고 느끼는 그 순간에도, 정신은 이미 사라지고, 죽어가고, 줄어들고, 시들고 있습니다. 왜냐하면 그것은 더 이상 온전하지 않기 때문입니다.

이런 경우 내가 사랑을 하던 증오를 하던 나는 나 자신의 축소판이 됩니다. 그렇게 해서 죽어있음을 느끼지 않을 수 있지만, 멸절이 그곳에 있습니다. 나는 나의 살아있음에 대한 대가를 치렀기 때문에, 나는 이 살아있음을 방어해야 합니다. 만약 무엇인가가 이 나를, 이 살아있는 나를 위협한다면, 나는 나의 방어기제를 사용하여 이런저런 방식으로 그 위협들을 분열시킵니다. 그리고 내 자신을 방어하면 할수록 그리고 위협을 없애기 위해 더 많이 분열시킬수록 나는 더욱 작아지고 압축되고 수축됩니다.

나는 살아있음의 작은 주머니에 중독이 되어 그 것을 지키기 위해 분열을 계속하게 됩니다. 그리고 그 주머니는 지키려고 하면 할수록 점점 더 작아집니다. 혹은 점점 더 팽창이 될 수도 있습니다. 팽창으로 인해 내가 흩어지던지 축소와 수축으로 인해 내가 사라지던지, 어떤 경우든 간에 나는 죽어있음을 느끼게 됩니다.

그러므로 나 자신을 지키려고 할수록 정신은 더욱 흩어집니다. 축소판인 나, '나'라는 작인 느낌, '나'라는 작은 섬, 나의 작은 살아있음을 보호하기 위해 싸울수록 정신은 점점 흩어져서 내 안에 그리고 온 주위에 죽어있음을 느끼게 되는 순간에 이르게 됩니다. 그리고 나는 그 느낌마저 없애려고 투쟁하게 됩니다.

제가 올바른 질문을 제기했고, 그 질문에 적절하게 반응을 했는지, 또는 질문을 제대로 이해했는지 모르겠습니다. 제가 그렇게 할 수 없다고 생각되면 그렇다고 말씀해주세요. 그러면 그만 둘 수도 있습니다. 하지만 무언가 부족하다면, 더 잘 해보도록 시도할 수 있습니다.

제가 여러분에게 말하거나 질문하거나 재설명을 요청하라고 말한 것 때문에 겁을 먹지 않았으면 합니다.

청중과의 대화

질문 1

지금 설명하신 걸 들으니까 자아가 분열로부터 시작을 해서 다시 진행됐을 때 두 가지 방향으로 설명을 했는데, 그것에 대해서 질문하고 싶은 것은 정신이 죽어가는 것을 막고 전체적으로 살아있는 충분한 경험을 하는 것이 목표라고 한다면, 정신분석에서는 자아를 만들고 그것을 지키고자 하는 것이 있을 텐데, 그 자아를 지키면서 과연 정신을 정신적으로 경험하는 것이 가능한 것인지? 휴식시간 전에 이 점이 불분명하다고 느꼈습니다. 핵심적으로 자아를 지키면서 정신을 정신적으로 경험할 수 있는 것인지, 그것을 하기 위해 자아를 포기해야 되는 것인지, 어떤 입장을 갖고 있는지 궁금합니다.

응답 1

우리가 정신 전체를 경험한다는 것은 불가능합니다. 앞으로도 불가능 합니다. 우리는 아니 우리 대부분은 자아를 포기하지 못합니다. 그것을 해보려고 시도하고 또 시도하지만 아마 하지 못할 것입니다. 우리는 자아가 무엇인지도 모릅니다. 이는 단어에 불과합니다. 추상적인 개념에 불과합니다. 우리는 우리가 무엇을 의미하고 있는지도 모릅니다. 우리는 '나, 나' 라고 말은 할 수 있습니다. 우리는 그것을 포기하는지 혹은 다른 일이 일어나는 지도 모릅니다. 그러나 이 말씀을 드리고 싶습니다. 클라인은 분열로부터 시작하지만, 바로 이 부분에 있어서 위닛캇과 비온은 반대를 합니다. 위니캇과 비온 모두는 다른 혹은 더 이전의 불분명한 정신적 삶의 시초에 대해 말합니다. 자아가 분열을 할 만큼 발달하기 이전의 과정들 말입니다.

프로이트도 어떤 점에서 자아와 닮았지만 그것과는 다른 자아 이전의 단계들을 말합니다. 그 중 하나를 그는 감정의 반전이라고 불렀는데, 이는 하나의 감정이 다른 감정으로 바뀌는 것을 말합니다. 그리고 이는 자아가 꽃피게 될 토양의 밑거름이 됩니다. 이것은 '나'가 있다는 것을 자각하기 이전이나 그것이 하나의 조직으로 자리 잡기 이전에 일어나는 과정들이 존재한다는 것을 말해줍니다. 프로이트의 사고 안에도 '나' 이전에 일어나는 배경 형성의 과정들이 있습니다.

그래서 프로이트에게는 분열 이전에도 자아 안에 일어나는 과정들이 있으며, 그 중 하나가 사랑이 증오로 혹은 증오가 사랑으로 바뀌는 것입니다. 그는 이것을 분열이라고 부르지 않았습니다. 클라인은 분열부터 시작을 하지만, 제 생각에는 프로이트는 그렇지 않으며, 클라인은 이 사실을 놓친 것 같습니다. 제 생각에는, 분열 이전에 정신적 유동성이 존재하는데, 클라인은 이를 간과한 것 같습니다. 우리가 이 시점에서 자아에 대해 말할 때, 저라면 자아가 분열로부터 시작한다고는 말하지 않겠습니다. 견고한 편집증적 방어를 형성하기 이전의 자아 안에는 더 많은 유동성이 있었다고 할 수 있습니다.

프로이트는 '우리가 어떠한 것도 포기하지 않는다'라고 말했습니다. 그의 공식적인 입장에 따르면 우리는 어떤 것도 포기하는 것이 불가능하다는 것이었습니다. 그러나 제 개인적인 느낌은 우리는 포기하려 하는 것을 그만두어야 한다는 것입니다. 이는 더 많은 불필요한 투쟁과 고통을 낳을 뿐입니다. 제 생각에는 이것저것 맛보는 것이 중요하다고 생각합니다. 이것과 저것을 위한 공간을 마련해야 합니다. 이것과 친숙해지고 저것과 친숙해보세요. 우리는 사실 지금 우리가 다루고 있는 것들이 어떤 것인지 잘 모르기 때문에, 사전에 무엇은 간직하고 무엇은 버려야 하는지에 대한 결정을 할 필요가 없습니다. 그래서 그냥 앉아서 맛보고 또 맛보는 것이 좋습니다.

질문 2

한 가지는 제가 개인적으로 내적으로 느낀 것이고요, 또 한 가지는 질문인데요. 먼저 느낌을 말씀 드리면, 우리 모두가 타고난 정신 방향성이 있다고 했는데, 이 삭막하고 불확실한 현실세계 그리고 또 우리가 경험하는 투사들로부터 우리 정신을 지켜내기 위해서 의존할 수밖에 없는 하나의 놀라운 적응력으로서의 광증이라는 측면을 강조했던 것 같은데, 그것이 마음의 감동을 일으켰어요. 그 배경이 제가 예전에 병원에서 일할 때 정신증적 우울증이나 정신분열증 환자들을 많이 봤었는데, 그때 많은 의사들이 가르치기를 이런 정신증적 상태가 본 모습이다. 다시 말해 그들의 비장한 증상들을 굳이 공감하려 들지 말라고 가르쳤는데, 오늘 우리 누구나 가지고 태어나는 madness라는 측면에서 본다면, psychotic한 증상을 가지고 있는 환자들을 볼 때에 그들을 공감하고 그들과 연결시키는 것을 포기하지 않고, 내 안에 있는 놀라운 하나의 적응력이 당신 안에도 있고 그것이 약간 다르게 표현될 뿐이지, 그들을 진정으로 공감하려는 것을 포기하지 말아야겠다는 생각이 들었습니다. 아무튼 그런 감동이 왔습니다. 두 번째 질문은 아까 편집분열증적 자리와 우울적 자리에서 우열을 가리지 않는 그런 입장을 말씀하셨는데, 예컨대 David Scharff를 포함해서 많은 이론가들이 치료과정에 환자가 진전을 보게 되면 우울적 자리로 옮겨가게 되고 또 치료하던 것이 또 나빠지면 편집분열증적 자리로 다시 퇴행한다는 식의 이야기를 합니다. 그런데 만약 Eigen 박사님이 말씀하신 것처럼 그 자리에서 어떤 우열을 다루고 싶어 하지 않는다면, 그것이 어떤 치료적인 함축을 갖는지, 우리는 편집분열에서 우울로 가야 한다고 생각을 하거든요. 치료과정과 관련해서 그것을 조금 설명해주셨으면 합니다.

응답 2

제 생각에는 데이빗이 다시 한 번 살펴봐야 할 것 같습니다. 아마 충분히 깊이 파고들지 못한 것 같습니다. 아마도 깊은 곳에 대해 너무 방어하고 있지 않나 싶습니다. 그러나 저는 당신이 감동했다는 사실에 감동을 받았습니다. 제가 전달하려는 부분의 일부가 누군가에게 와 닿았다는 사실에 울고 싶어집니다. 예전에 아담 필립스가 제가 인터뷰했던 내용을 편집해서 책으로 출판했던 일이 생각납니다. 저는 처음에 아담이 누구인지 모르고 있었습니다. 그는 유명하지 않았습니다. 그는 BBC방송을 위해 혹은 자신이 하고 있던 일 때문에 미국에 와서 사람들을 인터뷰하고 있었습니다. 나중에 그가 자신이 편집한 위니캇에 대한 책을 들고 왔는데, 저는 그런 작업들이 일어나고 있다는 사실에 깜짝 놀랐습니다. 그때 저는 이 젊은이가, 오래 전의 일입니다만, 마이크와 녹음기를 들고 나타나서 성도착증에 대한 인터뷰를 의뢰했던 사람이라는 것을 기억할 수 있었습니다.

그래서 저는 왜 그가 성도착에 대해 저와의 인터뷰를 원했는지 호기심이 생겼습니다. 저는 성도착에 관해 생각은 많이 하지만, 별로 쓴 것이 없습니다. 저는 분석가이기 때문에 그에게 묻지 않았습니다. 저는 그에게 묻지 않고 기다려보기도 하고 이것저것 시도해 보았습니다. 그리고 그는 느닷없이 자신의 분석가가 한 말 중에 매우 좋아하는 이야기를 들려주었습니다. 그의 분석가는 마숫 칸이었습니다. 칸이 그에게 해준 가장 해방감을 주었던 이야기 중 하나가 자신의 성도착에 대해 용기를 가지라는 것이었습니다.

이를 통해 여러분은 분석이 얼마나 강력한 것인지, 우리의 관심사에 얼마나 강력한 영향을 미치는지 볼 수 있을 것입니다. 그래서 분석가가 한 이 말 한마디가 그를 해방시켜주었고, 그 젊은이는 그 주제인 성도착을 가지고 인터뷰를 하러 왔습니다. 정신분석은 매우 강력한 것이고, 우리의 관심사를 열어주는 데 도움이 됩니다. 단지 관심사를 정해주는 것이 아니라, 우리 존재에 필수적인 것들에 대한 관심을 가질 수 있도록 해방시켜줍니다.

이 젊은이는 떠나면서 저에게 논문들을 모아서 책을 출판하는 것이 어떻겠느냐고 제안했습니다. 저는 논문을 모아서 출판하는 일에 대찬성을 했습니다. 그러나 그 작업을 할 에너지가 없었습니다. 그는 자기가 하겠다고 했고, 그대로 실행했습니다. 저는 그에게 매우 감동을 받았습니다. 저는 그가 오늘날 유명한 아담 필립스가 될지 몰랐습니다. 아름다운 일입니다. 어쨌든 이 책 「전기가 흐르는 밧줄」의 중반부 에필로그 어딘가에 질문과 관련된 단락이 있습니다. 혹시 의문이 들기 시작한 분들도 있을 텐데, 저는 결코 질문에 해답을 제시하지 않습니다. 그러나 질문에 대한 답변은 시도합니다. 그래서 「전기가 흐르는 밧줄」의 종반부 에필로그에 나오는 답변을 여러분과 공유하고 싶습니다.

여러분이 늙은 사람을 연사로 초대할 때에는 옛 이야기를 들으실 각오를 하셨을 겁니다. 이제 질문에 답변을 해보도록 하겠습니다. 에필로그에서 저는 어린이 분석가와 성인 분석가, 어린이 환자와 성인 환자 이야기를 합니다. 정말 어린이가 아니라 어린이 같은 분석가와 더 성숙된 성인 같은 분석가를 말합니다. 때로는 어린이 환자는 성인 분석가를 만나 잘 안 풀리는 경우가 있습니다. 때로는 모든 가능한 조합들이 다 있습니다. 제가 느꼈던 그리고 지금도 느끼는 것은 누군가를 자기가 아닌 사람으로 바꾸어 놓으려 하지 말아야 한다는 것입니다. 어떤 방법인지는 잘 모르겠습니다. 지금은 본질이라는 단어의 인기가 시들었지만 어떤 본질에 관한 것일지도 모르겠습니다. 당신인 그것, 당신이 누구인지, 당신의 DNA가 있습니다. 환경이 아니고 조건도 아닌 벌거벗은, 벌거벗은 야만적인 자기―당신입니다. 그리고 당신이 어린이라면, 당신은 영원히 어린이로 남을 것입니다. 어제 이재훈 소장님은 경복궁을 구경시켜 주시고 아주 맛있는 만두집에 점심 예약을 해 놓았습니다. 그런데 막 점심을 먹으러 떠나려는 차에 수문장 교대식을 시작했습니다. 아내와 아들을 포함해서 특히 저는 그것이 보고 싶었습니다. 멋진 장관이었습니다. 저는 음악가이기 때문에 커다란 나팔과 작은 나팔과 북이 어우러지는 음악이 좋았습니다. 정말 멋졌습니다. 그러나 소장님은 계속 저의 팔을 잡아끌었습니다. '지금 점심 먹으러 가야 합니다, 지금 먹으러 가야 합니다. 예약해 놓았습니다.' 저는 어찌할 바를 몰랐고 계속 교대식 구경을 했습니다. 그리고 결국 저는 이렇게 말한 것 같습니다. "재훈아! 나는 어린이야! 나는 이걸 보고 싶어!" 그리고는 괜찮아졌습니다. 결국 만두집에서 맛있는 점심 식사도 했습니다. 실제와 함께해야 합니다.

평생을 걸쳐서, 지금은 70대지만, 저는 더 성숙한 어린이가 아니라 더 좋은 어린이, 더 완전한 어린이가 되었습니다. 아직은 꽤나 나쁜 어린이지만, 어쨌든 원판보다는 더 나은 사람이 되었습니다. 나의 더 많은 부분들이 삶의 영역 안에 들어오게 되었습니다. 만약 제가 성인 자기였더라면, 일생을 걸쳐 더 좋은 성인이 되기를 희망했을 겁니다. 저는 어른이 아이가 되거나 아이가 어른이 되기를 기대하지 않습니다. 다만 그 사람이 자신의 진짜 모습으로 꽃필 수 있는 환경을 마련하기를 희망하며, 이에 대한 가치판단은 없습니다.

질문 3

저는 성경의 가르침에 관한 질문을 하고 싶습니다. 자기부정이 너무나도 내면화 되어있는 상태에서 어떻게 대상관계를 통합하며 그리고 실제의 자기 모습과 건강을 유지하는 동안 이기심을 멀리하라는 교리에 따를 수 있는 방법이 있으면 알려주시기 바랍니다.

응답 3

어린이들조차도 사람이 된다는 것이 무엇인지에 대한 고통과 씨름을 합니다. 설령 자신이 어떤 것과 투쟁하고 있는지를 잘 모르고 있고, 자신이 어떤 사람인지 또 어떤 사람이 될 수 있는지를 잘 모른다고 해도, 그것은 마찬가지 입니다. 매우 중요한 질문을 해주셨습니다. 영성이 이쪽으로 혹은 저쪽으로 성급하게 사람을 몰고 가는 경우가 너무나도 많습니다. 끔찍한 역사에서 볼 수 있듯이, 사람들을 지옥으로 몰아 놓거나 천당으로 몰아 놓는 등, 여러 형태의 분열로 인해 많은 고통이 있었습니다. 제가 만약 목회 상담자라면 제가 드릴 수 있는 영적인 조언은 '서두르지 마십시오' 입니다. 만약에 사랑하는 이가 곤경에 빠졌다면, 자기가 먼저인가, 그 사람이 먼저인가에 대한 갈등이 있고, 그 사람이 먼저 와야 하는 상황이라면, 그렇게 할 수 있을 것입니다. 우리는 그것을 느낄 수 있습니다. 그렇게 해야만 하는 것을 알 것입니다. 그리고 그렇지 않는 상황도 있을 것이며, 이런 경우에는 자기를 먼저 내세우는 것이 좋은 것이고, 그것이 문제가 되지는 않을 것입니다. 그러나 요지는 이것이 아닙니다. 제가 말하려 하는 요지는 기독교의 가르침인데, "저들을 용서하소서. 저들은 자신들이 하는 일을 알지 못합니다. 아버지 저들을 용서하소서. 저들은 자신들이 하는 일을 알지 못합니다. 저들은 알지 못합니다. 저들은 알지 못합니다. 용서하소서. 저들은 알지 못합니다. 저들은 자신들이 알고 있다고 생각합니다. 저들은 알고 있는 것처럼 행동을 합니다. 저들은 자신들이 알고 있는 것처럼 이야기를 합니다. 그러나 하나님 아버지 우리들은 모릅니다." 그것이 가르침이며, 사람과 사물은 흐르고 바뀐다는 것이 핵심입니다. 교리를 너무 강요할 필요는 없습니다.

주제에서 좀 벗어난 이야기입니다만, 저는 저를 괴롭히고 있는 어떤 것에 대해 말하겠습니다. 그것은 부시 대통령이 당선을 위해 두 번이나 선거를 훔친 사실에 관한 것입니다. 그가 바로 하나님의 음성을 들은 사람의 예입니다. 하나님이 그에게 말하기를,

"이라크를 침공하라". 기업체들 역시 그에게 이라크를 침공하라고 말했습니다. 당시에 기다려보는 그래서 어떤 일이 펼쳐질지를 기다려 보자는 의견은 아직 대중의 담론이 아니었으며 실질적인 선택사항이 아니었습니다. 기다린다는 것은 약함을 뜻하며, 대중은 당신이 무슨 일을 하는지에 대해 잘 모르고 있다고 생각할 것입니다. 그래서 어떤 사람들은 살인하고 깡패처럼 행동하며 강한 척 하는 것이 '지금 잘 모르겠으니 잠시 기다려보자'라고 이야기하는 것보다 낫다고 여깁니다.

알고 있어야 한다는, 혹은 아는 것처럼 행동해야하는 외부적 압력이 많습니다. 또한 몰라도 괜찮다고 말하는 내부의 은은하고 고용한 초대가 있습니다. 하나님에게 맡기십시오. 도(道)에게 맡기십시오. 알 수 없는 무언가의 도움을 받을 수 있도록 하세요. 현재는 아직 접근하지 못한 내면 깊은 곳의 과정들 말입니다. 이런 방식 혹은 저런 방식으로 너무 열심히 시도하는 것은 오히려 더 깊은 곳과 만나고 접촉하는 것을 방해합니다. 그래서 부시가 이라크에 대해 했던 행동들은, 기업적인 동기를 가졌던 혹은 종교적인 동기를 가졌던, 물론 여기서 말하는 종교는 아니지만, 종교적인 동기를 가졌다고도 말할 수 있습니다. 외부 정치에서 관찰할 수 있는 이런 압력이 우리 안에서도 똑같이 작용하고 있습니다. 불량배인 자기, 폭군인 자기가 '이렇게 하라'고 지시하고 있습니다. '이렇게 해야 한다. 저렇게 하거나 기다리거나 포기하거나 천천히 하거나 남의 말에 귀를 기울이면, 너는 약한 겁쟁이다.' 저는 여기저기 구경하면서 부처님 상을 보았는데, 그 부처님의 큰 귀가 참 좋았습니다. 정신분석도 그것을 로고로 사용했으면 좋겠습니다. 귀를 기울이는 새로운 방법으로 그리고 자신의 소리를 듣는 새로운 방법으로 말입니다.

질문 4

본질적 모습과 함께 해야 한다고 말씀해 주셨는데요. 저 개인적으로는 제 본질적인 모습을 찾지 못해서 여태까지 헤매고 있습니다. 박사님께서는 박사님 자신의 본질적 모습을 찾기 위해 무엇을 어떻게 하고 계시는 말씀해주시면 저에게 큰 도움이 될 것 같습니다. 질문이 여러 개지만 하나만 여쭙겠습니다.

응답 4

저를 본보기로 삼지 마세요. 본질이 없는 것도 좋습니다. 아무것도 아닌 것도 훌륭합니다. 그에 관한 유대인 유머가 있습니다. 아마 여러 문화에도 그와 같은 유머가 있을 것입니다. 정확히 기억은 안 나지만, 한 남자가 스스로에 대해 기분이 언짢았는데 친구한테 가서 말하기를, "난 아무것도 아니야, 난 아무것도 아니야, 난 아무것도 아니야." 친구가 대답했습니다. "아무것도 아니라고 말하는 너 자신을 보렴." 그것은 일종의 과대적인 것이고, 일종의 성취입니다. 제 생각에는 여러 종류의 아무것도 아님이 있는 것 같습니다.

그러나 더 진지하게 말씀 드리자면, 만약 아무것도 느껴지지 않는다면 그것이 바로 맛봐야 할 것이며, 그것에 대해 방어적일 필요가 없습니다. 그것과 함께 하십시오. 아무것도 아닌 것과 함께 하십시오. 그 아무것도 없음이 당신을 필요로 하고 있으며, 어쩌면 당신도 그것이 필요할지도 모릅니다. 그래서 제가 본질에 대해 했던 발언이 여러분을 힘들게 했다면 잊어버립시오. 제가 그냥 그 순간에 내뱉었던 바보 같은 말이었나 봅니다.

질문 5

박사님 강의를 들으면서 우리 인간이 고통으로 피하려고 온갖 수단과 방법을 동원하지만 결국은 고통을 피할 수 없다는 것을 알게 되었습니다. 그리고 저 역시도 그 고통을 피하려고 살아오다 보니까 참 많은 것을 잃었다는 것을 깨달았습니다. 그래서 굉장히 오늘 많이 아팠고 많이 슬펐습니다. 그런 통찰을 할 수 있게 된 것에 참 감사드리고요. 제가 환자들을 만나면서 여러 가지 이야기들을 쏟아놓는데, 거기에는 굉장히 깊은 절망과 고통이 느껴지는데 치료자로서 환자들의 고통과 절망 앞에서 어떤 마음과 자세로 임해야 하는지 갑자기 혼란스러워졌습니다. 그래서 그것에 대해서 조금 도움을 주셨으면 합니다.

응답 5

우리는 그 부분에서 도움을 필요로 합니다. 그리고 우리는 모두 그런 도움이 필요합니다. 감사합니다. 내일은 내면의 비명, 사라지지 않고 일생 동안 계속되는 비명에 대해서 말씀드리겠습니다. 아기가 비명을 멈췄다고 해서 내면의 비명까지 사라지는 것은 아닙니다. 우리가 누구이든 무슨 일을 하든, 평생 동안 계속되는 비명이 있습니다. 어떤 이들은 전쟁을 일으키는 것을 통해 비명을 표출합니다. 어떤 이들은 움츠려 들거나 그것으로부터 숨습니다. 어떤 이들은 다가오는 사람들을 모두 폭행합니다. 또는 스스로에게 비명을 지르며 그 비명이 참을 수 없는 지경에 이르렀을 때, 자살을 합니다. 그러나 그 비명은 우리가 살아있든 죽어있든 계속됩니다. 우리는 그 비명을 멈추지 못합니다. 그 비명은 경험되어야만 합니다. 우리는 그것을 맛보아야 하고, 그 비명과 함께 살아갈 수 있는 방법을 모색해야 합니다. 아마 모두 완전히는 아닐 것입니다. 그것이 가능한지도 모르겠고 바람직한지도 모르겠습니다만, 견딜 수 있는 만큼이면 됩니다. 반드시 견딜 수 없는 정도가 아니라, 사라지지 않는 비명을 체험하는 것이 가능한 정도 말입니다. 여러 해 전에 저는 「정신적 죽음」이라는 책을 냈는데, 그 책에서 아물지 않는 상처와 꺼지지 않는 불의 이야기를 다루었습니다. 그것은 좋은 불, 창조적인 불이며 나쁜 불이 아닙니다. 아물지 않는 상처가 꺼지지 않는 불을 만납니다. 그것이 평생에 걸친 회복 과정입니다. 단지 스스로를 덮어버리거나 자기가 아닌 거짓된 완전한 사람이 되는 것이 아닙니다. 그러나 '아 저 비명은 나이구나. 나의 삶이구나. 나의 삶은 위장된 비명이구나'라고 말할 수 있는 능력이 조금 생깁니다. 환자들과 임하는 자세를 빼먹었군요. 그 고통과 함께 하십시오. 예를 하나 들어 보겠습니다. 아마 이 강좌 마지막 날에 더 많은 예시가 있을 것입니다.

아주 작은 예를 들어보겠습니다. 고통을 변형시키지 않고 그것과 함께하는 여러 방법들이 있습니다. 사람들은 고통을 없애려고 하지만, 우리는 존중까지는 아니더라도 적어도 환자가 그 고통을 가질 수 있는 공간을 마련해주어야 합니다. 모든 사람들은 '그렇게 심하지 않네' 혹은 '사실 고통은 거기에 없네, 그런 건 있어서는 안 돼, 그것을 없애기 위해서는 이렇게 해라 저렇게 해라, 운동 좀 더 해라, 약을 좀 더 먹어라'라고 말합니다. 도대체 무얼 하는지 모르겠습니다. 고통을 그냥 있을 수 있게 하면서 어떤 기대를 하거나 압력을 주어서는 안 됩니다. 우리는 스스로에게 너무나 많은 방법으로 압력을 가합니다. 다른 사람의 고통과 함께 하면서 그 사람에게 고통을 가하지 않는 것은 내면에서도 다르게 느껴집니다. 이것은 설명하기가 힘듭니다. 그것은 여러분 자신이 문화적 압력을 내려놓는 것입니다.

그것은 아주 작은 일입니다. 저는 두 권의 책에서 한 남자에 대한 이야기를 썼습니다. 그에게 밀튼이라는 이름을 붙여주었습니다. 그는 「독이든 사랑」과 「손상된 유대」에서 주요 인물로 등장합니다. 저는 한동안 그에 대해 쓰지 않았는데, 그는 저의 새로운 책들에서 자신에 대한 이야기가 왜 더 이상 등장하지 않는지 궁금해했습니다. 어쨌든 그는 저의 두 권의 책에서 주요 인물이었습니다. 그는 평생 동안 고통에 빠져있었고, 그 고통은 사라지지 않았습니다. 그 고통이 없어질지는 저도 모르겠습니다. 저는 전혀 모르겠고, 그도 모릅니다. 너무 끔찍합니다. 왜인지는 모르지만, 자살은 안 하고 있습니다. 어쩌면 자녀 때문인지도 모릅니다. 최근에 있었던 일입니다. 우리는 약 20년간 함께 해왔습니다. 그러고 저를 만나기 전에 40년인지, 30년인지, 20년인지 다른 사람에게 분석을 받았습니다. 적어도 그는 접촉을 시도하고 있습니다. 만약 누군가가 상담실까지 온다면, 이것은 유익한 것이며, 오지 않는 것보다 낫습니다. 이것은 몇 주 전 혹은 한 달 전쯤에 일어난 일입니다. 그가 말하기를 "아버지가 나를 혹은 나의 일부를 죽인 것 같습니다." 그리고 저는 "당신의 말을 전적으로 믿어요"라고 대답했습니다. 그리고 그는 눈물을 흘렸습니다. 오랜 침묵이 흐른 뒤에 그는 이렇게 말합니다. "당신의 말을 들었을 때 내 안에 있던 무언가가 떠난 간 것 같습니다." 그는 치료되지 않았습니다. 저 또한 치료되지 않았습니다. 나는 고통에 빠져 있고, 그도 고통에 빠져있습니다. 나는 망가졌고 그도 망가졌습니다. 그러나 이 순간 이 짧은 순간에 그는 실제로 느꼈고, 이것을 위해 수십 년의 세월이 걸렸지만, 그것은 헛된 시간이 아니었습니다. 이 순간에 그는 그의 고통에 대한 나의 믿음을 보았고, 나는 그가 고통에 빠져있으며, 그 고통이 영원히 계속될지도 모른다는 것을 알고 있었다는 점에서, 수십 년의 세월은 결코 헛되지 않았습니다. 그는 아버지가 자기 혹은 자기의 일부를 죽였다고 말한 것에 대해, 내가 '나는 너를 전적으로 믿는다'라고 했던 말을 들었습니다. 그는 울면서 '당신의 말을 들었을 때 내 안에 있는 무언가가 떠나가는 것을 느꼈다'고 말합니다. 잘 모르겠습니다. 그 무언가라는 것은 미국에서 악마, 또는 귀신에 씌운 것과 같습니다. 우리는 하나의 악마가 떠났다면, 거기에는 수백만 마리의 악마가 더 있다는 것을 알고 있습니다. 그러나 이는 소중한 순간이었고 이 순간이 있기까지 20여 년이 걸렸습니다. 어떤 보험회사도 그 긴 기간 동안 보험금을 지급하지 않을 겁니다. 그러나 그 한 순간은 영원했습니다. 전 우주에 변화를 가져왔습니다. 그리고 어쩌면 여러분들 중에는 저를 통해서 오늘날 그것의 여파를 느끼시는 분들이 있을 것입니다.

The Second Day

둘째 날
(2007년 8월 24일)

청중과의 대화

여러분들이 다시 오셔서 기쁩니다. 어제 내용 중에 질문이나 생각 의견이 있으면 그것부터 받겠습니다. 어떤 것이라도 좋습니다.

질문 1

어제 말씀 중에 영어로 We have to stay real이라 했거든요. Real이라는 것이 어떤 상태인지, 혹시 위니캇이 말하는 참자기 상태인지 그 Real에 대해서 알고 싶어요.

응답 1

　너무 골똘하게 생각하고 계신 것 같습니다. 우리는 모릅니다. 우리는 언어차원에서 대답을 못합니다. 우리는 영원히 모를 것입니다. 그것은 우리의 능력 밖입니다. 그것은 연속체에 있다고 상상되는 어떤 것에 접촉하는 방식, 또는 그것에 대해 말하는 방식입니다. 위니캇의 거짓자기와 참자기는 사실 연속체이며, 융합체이며, 혼합체입니다. 이분법이 아닙니다. 그가 말하는 것만큼 이분화 되어 있지 않습니다. 다 뒤섞여 있습니다. 분별할 수가 없습니다. 두 가지를 구별해내기가 힘듭니다. 우리는 가끔 그렇게 할 수 있다고 생각합니다. 그러나 우리는 종종 틀립니다. 우리가 참이라고 생각했던 것은 환상이고, 우리가 거짓이라고 생각했던 것은 우리 안의 가장 훌륭한 것으로 드러나기도 합니다. 그러나 우리는 노력하고 참되려고 노력합니다. 우리는 'real'이 되려고 노력합니다. 그러나 여기 있는 모든 것이, 우리 모두가 리얼(real)합니다. 모든 것이 리얼하며 거짓말도 리얼합니다. 위니캇의 짧은 발췌물을 가져왔으면 좋았을 텐데 말입니다. 저는 그의 어떤 개념들에 대해서는 동의하지 않습니다만, 그는 성숙한 사람은 타협과 거짓말을 할 수 있고 융통성이 있으며 스스로의 실패에 대해 너무 엄격하지 않는다고 말합니다. 정신병 환자는 융통성이 없으며 거짓말과 타협을 하지 못합니다. 위닛캇은 또한 반 고호에 대해 흥미로운 말을 남겼는데, 반 고흐에게는 참자기가 너무 많다고 했습니다.

　제게 정신에 관한 모델이 있는지 잘 모르겠습니다. 만약 그런 게 있다면, 그것은 어제 어떤 분이 이것 혹은 저것을 포기하는 것에 대한 질문을 했는데 그것과 관련되어 있는 것 같습니다. 제

목표는 이분법을 악화시키지 않는 것, 전쟁하려는 성향을 강화시키지 않는 것, 분단을 증가시키지 않는 것이며, 정신적 영역을 넓혀서 모든 성향들을 위한 공간을 마련하는 것입니다. 다시 말해서, 이 정신적 민주주의 안에 우리의 모든 성향들이 목소리를 내고 의견을 제출하며 삶에 무언가를 기여할 수 있는 잠재력을 가질 수 있도록 자리를 마련하는 것입니다.

전쟁은 오랫동안 존재해왔습니다. 그리스인들은 천체의 음악을 들었으며, 우주의 음악을 듣고 그에 관해서 글을 썼습니다. 그러나 그들은 또한 원소간의 전쟁, 즉 모든 자연은 원소간의 전쟁으로 이루어 졌다는 글을 썼습니다. 이것은 프로이트의 흥미를 끌었습니다. 그것은 천체의 음악이 아니었습니다. 프로이트는 우주의 음악을 듣지 않았습니다. 아니 어쩌면 들었을지도 모릅니다. 그러나 그가 흥미를 가진 것은 전쟁과 갈등 그리고 갈등으로 인해 자라나는 것들이었습니다. 마오쩌둥은 갈등이 변화를 가져온다고 말했습니다. 마리온 밀너는 마오쩌둥을 인용했는데, 그녀는 갈등이 변화를 가져온다는 그의 생각을 매우 좋아했습니다. 그러나 그녀가 말하는, 갈등이 변화를 가져온다는 생각은 더 넓은 정신영역의 일부일 뿐입니다. 그녀는 우리가 가진 성향들 간의 관계와 우리의 능력간의 관계는 계속해서 변화한다고 보았습니다. 그것들은 때로 갈등 속에 있고 때로는 적대적이지만 때로는 서로 영양분을 주고받으며 상호 의존적이며 때로는 한데 섞입니다. 그러므로 성향과 능력과 목소리의 혼합은 계속해서 변화합니다. 그 중 한 가지 방식에만 고착되어서는 안 될 것입니다.

우리 정신분석가들은 무엇을 듣습니까? 우리는 정신의 음악을 듣습니다. 우리는 정신의 음악에 귀를 기울입니다. 정신적 투쟁은 정신영역의 일부입니다. 우리는 또한 환희의 핵심, 행복의 요소가 그 폭풍의 중심에 있다는 것을 압니다. 그러나 실제의 폭풍이 존재하며, 그 중심 어딘가에는 모든 것을 지탱해주는 실제의 환희가 존재합니다.

저의 답변을 들어보실 다른 분은 안 계시나요? 저를 포기하지 마세요 때로는 무엇인가가 일어나기 위해 열 번을 시도해야 합니다.

질문 2

다시 뵙게 돼서 반갑고요. 오늘 이 설명을 들으면서 느끼는 것은 정신분석이 우리 인간을 가장 철저하게 분해분석 하면서도 또한 우리에게 가장 온전한 해방감을 줄 수 있는 것이라고 생각이 드는데요. 그러면서 또 한편 드는 생각은 그런 마이크로한 차원에서가 아니고, 예컨대, 이라크 침공으로 이라크 내에 한 가정이 파괴되고 그 가정 안에 어린아이가 복수와 분노심의 불을 가슴에 담고 자라나게 되는 것, 또 조직과 국가에 의해서 인생이 망가지게 되는 것, 다시 말하면, 예전의 전통적인 정신분석에서 얘기했던 외상이라는 게 바로 우리 주변의 중요한 타자들(significant others)에 의해서 그런 외상이 주어졌던 것이 아니고, 이런 체제나 국가나 혹은 세계화에 의해서 감당할 수 없는 외상들을 계속 겪게 될 때, 정신분석은 그것에 대해서 우리에게 뭐라고 이야기할 수 있는지, 어떻게 기여해 줄 수 있는지에 대해서 말씀을 듣고 싶습니다.

응답 2

매우 중요한 관심사이며 매우 중요한 질문입니다. 지금은 얼마나 다룰 수 있을지 모르겠습니다. 제게 이메일을 보내세요. 인터넷에 제가 쓴 정신병질자의 시대 라는 책이 있습니다. 그리고 질문하신 것처럼 우리는 정신병질자의 시대를 살아가고 있습니다. 미국에서는 정신병질자라는 말을 사용하지 않습니다. 그 단어를 사용하지 않습니다만, 그 말의 의미는 양심이 없고, 자기가 우두머리이며, 자기방식대로만 해야 하고, 자기만이 승자이며, 경제사슬의 최상층에서 그리고 권력의 꼭대기에서 다른 사람들은 어떻게 될지에 대해 상관하지 않는 것입니다. 그리고 그것을 이루기 위해서 다른 이들에게 어떤 짓이던 행합니다. 우리가 사는 시대는 경제의 시대요, 경제가 모든 것을 추진하는 시대입니다. 물론 가끔 인간적인 모습들도 보입니다. 서울 한복판에 시냇물이 흐르고, 사람들에게 행복을 안겨줍니다. 저와 아내는 누군가 도시를 위해 그런 현명한 일을 했다는 사실에 감명을 받았습니다. 어떤 건축가 혹은 정치가가 도시 한가운데에 사람들이 음악을 들으며 발을 담글 수 있는 곳을 만드는 현명한 일을 했습니다. 이는 정치영역의 대부분을 지배하는 먹는 자-먹히는 자 모델과는 다른 인간다운 삶의 모델입니다. 저는 언제나 인간의 기적에 놀라워하며, 다른 틈새 모델, 즉 경제력의 포식자 모델이 아닌 사람을 위한 양분과 관심을 담고 있는 모델을 반깁니다. 최근 저의 책 정신병질자의 시대와 감정은 중요하다에서 저는 질문하신 바로 그 내용을 다루고 있습니다. 사람들에 대한 강간, 체제와 정권에 의해 가해지는 외상 말입니다.

제가 이해하기로는 상황은 질문하신 것보다 더 나쁩니다. 제가 사는 나라에서는 기업은 대중매체와 텔레비전 뉴스를 통제합니다. 그래서 검열을 통과한 내용만을 볼 수 있습니다. 조지 오웰이 이야기하는 정부가 기업 밑에 있고, 대중매체가 정부 밑에 있습니다. 매우 끔찍한 시점입니다. 이 체제에 관해 흥미로운 것들이 있습니다. 제가 자라나는 소년이었을 당시에, 기업은 이윤을 창출하려 했습니다. 그들은 근로자들을 후원하고 상호 친숙한 관계였습니다. 적대성과 파업도 있었고, 근로자들은 조금 더 얻기 위해 파업을 했습니다. 그러나 뭐라고 불러야 될지 모르겠습니다. 그때는 오늘날보다는 정직했던 같습니다. 이제는 승리를 위해 이윤을 창출할 필요가 없습니다. 사업은 실패할 수 있습니다. 정부도 실패할 수 있습니다. 전쟁이 참사일 수 있습니다. 지는 전쟁을 할 수 있습니다. 그러나 기업을 경영하는 사람들은 그것으로 인해 돈을 법니다. 그들은 실패한 사업을 통해 돈을 법니다. 그들은 실패한 전쟁, 참사를 통해 돈을 법니다. 그래서 벌써 승리와 윤리와 이윤창출의 동기는 멸종의 길을 걷고 있습니다. 많은 사람들은 더 큰 게임의 장난감에 불과 합니다. 이제는 지고도 이길 수 있습니다. 이기기 위해 이길 필요가 없습니다. 그래서 설명하신 것보다 상황이 더 나쁘다는 것입니다. 이 말이 통역된 후에 다시 정신분석에 관한 이야기를 하겠습니다.

며칠 전에 제가 화계사에서 만났던 선승도 같은 질문에 대해 해답을 제시하지 못했습니다. 그도, 정신분석도, 불교도 현시점에서는 해답이 없습니다. 그의 현재 전략은 환경운동이었습니다. 그는 틈새 혹은 압력을 가할 수 있는 공간이 있다고 보고 있으며, 전파 탐지기를 피해 어떤 결실을 맺기 위해 노력하고 있습니다. 지켜보겠습니다. 물론 미국에서도 더 많은 환경 데모가 일어나고 있습니다. 그리고 심지어 일부 기독교 근본주의자들도 환경에 대한 관심을 가지게 되었습니다. 미국에서는 새로운 현상입니다. 전에는 없던 일입니다. 지금까지 그들은 기업과 큰돈이 있는 편에 섰습니다. 갑자기 그들은 생각을 하기 시작했습니다. 그들은 예수님이 공급자 측 경제학자가 아닐 수도 있다는 생각을 하게 되었습니다. 어쩌면 예수님은 상품의 분배에 대한 다른 시각을 가졌을지도 모릅니다.

「감정은 중요하다」에서 여러 이야기를 하지만, 한 가지 중요한 테마는 사람들이 느끼는 무력감입니다. 저는 미국 쪽 이야기만 알고 있습니다. 지난 7년간 미국에서는 무력감이 팽배했던 것 같습니다. 모든 이들을 깔고 지나가는 이 거대한 기계 앞에 할 수 있는 것이 무엇일까? 부시는 선거에서 이긴 적이 없습니다. 부시는 두 번의 선거를 훔쳤습니다. 첫 번째 선거에서 최고 법원은 선거를 날조해서 그에게 대통령직을 주었습니다. 가장 높은 곳에, 정부의 고위직에, 법의 최고 수호자인 최고법원이 범죄를 저지르면 어떻게 되겠습니까? 이는 사회에 어떤 본보기가 되겠습니까? 일반인에게 어떤 모델을 제시하겠습니까? 사회 구조 전체에 정신병질을 촉진하는 꼴이 됩니다. 정신분석 안에도 정신병질을 촉진하게 됩니다. 정신병질적 환경을 만듭니다. 정치가들이 항상 사용했던 특정 요소가 있는 특히 부시 정권은 이것을 자주 사용했습니다. 이것은 대중 혹은 대중의 40%의 지지를 유지하는 것입니다. 국민의 과반수는 이를 원하지 않습니다. 마치 거인과 싸우는 것 같습니다. 작은 주먹을 가지고 거인과 맞서는 것 같습니다. 이 특정 기제는 인구를 통제하는 데에 사용되었으며 정신증적 불안을 조작하는 정신병질입니다. 그들은 계속하여 재앙에 대한 공포, 정신증적 불안, 멸절불안을 자극해서 권력을 유지하는 데 사용합니다. 이는 대중의 40%에게는 효과적이며, 나머지 60%는 거대한 거인에 맞서는 작은 흐름에 불과합니다. 마치 그 행동의 결과는 방음장치가 있는 방에 있는 것과 같으며, 자신의 목소리조차 들리지 않고, 그 순간 체제는 무감각 상태이기 때문에 어떠한 영향도 끼칠 수 없습니다.

미국에서 현재 많은 정신분석가들은 이런저런 형태의 정치적 행동에 참여하고 있습니다. 우리는 어떤 일이 일어날지는 모릅니다. 인류역사를 들여다볼 때, 미래가 암울해 보였던 적이 처음은 아닙니다. 오히려 인류 역사를 살펴보면, 그렇지 않는 경우가 드뭅니다. 그래서 사람들은 그저 삶 속에서 최선을 다 할뿐입니다. 삶은 삶입니다. 체제에 여러 방법으로 압력을 가하는 것은 불가능합니다. 미국에는 이를 행하려는 여러 행동 단체들이 있습니다. 여기 상황은 잘 모르겠습니다. 좀 더 나은 상황이기를 바랍니다. 그러나 제 직감에는 지금 미국에서 일어나고 있는 것이 이미 세계적으로 일어나고 있거나, 앞으로 일어날 것 같습니다. 기업의 권력에 대한 탐욕은 보편적이기 때문입니다. 저의 가장 최신 책인 「감정은 중요하다」에서 저는 사회와 가정과 개인의 상호 영향에 대한 이야기를 합니다. 아동학대를 예로 들겠습니다. 아동학대를 당한 한 여성은 마치 2000년도 선거 결과에서 정치적 학대를 당한 것처럼 반응했습니다. 아동학대를 당한 그녀의 배경과 정치적 학대의 현실성이 융합하면서 서로를 강화시켰고 불을 질렀습니다. 그리고 그녀는 외부 현실에 존재하는 학대를 통해 내면의 가정 학대를 볼 수 있었고, 성장할 수 있었습니다. 국가의 정치적 학대가 정신분석의 일부가 되었으며, 해방감을 주는 성장의 일부가 되었습니다. 그래서 상담 안에서 가정의 외상과 경제적 사회적 외상은 서로 연결되어 있습니다. 이것들은 모두 하나의 직물의 일부입니다. 이것이 우리입니다. 이것이 사람들이 만들어낸 현실입니다. 우리는 좋은 것을 만들어내기도 하고 괴물을 만들어내기도 합니다. 그리고 우리가 창조한 것을 사용할 줄 모릅니다. 이는 아직 미해결의 진행 중인 과제입니다.

지금 저보다 더 높은 권력으로부터 준비했던 내용을 이야기하라는 지시가 있어서 그렇게 하도록 하겠습니다. 그러기 전에 한 가지만 더 이야기하겠습니다. 지난 몇 년간 저는 제 자신이 정치와 정신분석에 대해서 그렇게 많은 글을 쓰게 될 줄은 몰랐습니다. 그것은 제가 받은 소명이 아닙니다. 만약 정치적 운동권이 소명이 아니라면, 그 일을 하지 말아야 합니다. 내가 받은 소명이 만약 정신분석가로서의 삶이고 보통 사람이 하는 평범한 일들을 하는 것이라면, 그 일을 해야 합니다. 당신의 사명, 당신의 소명에 따라 살아야 합니다. 당신에게 올바른 것을 선택해야 합니다. 정치적인 운동가는 저에게 적합하지 않습니다. 조금은 할 수 있겠지만, 저에게 맞는 일이 아닙니다. 그래서 저는 행동하기보다는 글을 씁니다. 저보다 제 아내가 더 열심히 합니다. 저는 글을 쓰고 그녀는 실천을 합니다. 그러나 지난 몇 년간 정치에 관해 이렇게 많은 글을 썼다는 사실이 저 자신도 놀랍습니다. 저는 정치에 의해 이렇게 외상을 입은 경우는 처음입니다. 이 집단이 나라의 권력을 움켜쥔 방법이 얼마나 외상이며 충격이었는지 말로 다 표현할 수 없습니다. 정말 놀랍습니다. 어쩌면 제가 순진한 건지도 모르겠습니다. 정치가들이 하는 일에 대해 환상을 가지고 있었던 것은 아니지만, 이것은 정말 기가 막힙니다. 저는 그것이 저를 환상에서 깨어나게 했다고는 말하지 않겠습니다. 그러나 국가에서 행해지는 범죄적 학대와 삶에 대한 범죄적 학대에 대해 글을 쓰는 것으로 반응할 수밖에 없었습니다. 그리고 양분 모델과 먹는 자-먹히는 자 모델 간에는 지금도 전쟁이 벌어지고 있습니다.

*　　　*　　　*

이제 비명을 질러보도록 하겠습니다.

어제 멸절불안에 관한 이야기를 했습니다. 멸절은 종착역이 아니며 정적인 상태가 아닙니다. 그것은 끊임없이 계속 됩니다. 그것은 온몸에 전기가 흐르는 것과 같습니다. 그것을 설명할 수 있는 말이 없습니다. 그것은 마치 전기의자에 묶인 채 전기는 계속 흐르지만 절대 죽지 않는 것 혹은 숨이 막히는 것과 같습니다. 계속해서 숨이 막혀옵니다. 정신병 치료에 지금도 인슐린 충격요법이 쓰이는지는 모르겠습니다. 물론 정신병 치료에는 더 끔찍한 것들도 사용되었습니다. 인슐린 충격요법에서 흔히 혼수상태에서 깨어나는 것과 같은 현상이 일어납니다. 환자는 혼수상태에 놓이게 됩니다. 그 혼수상태는 변합니다. 의식이 들었다 나갔다 합니다. 의식이 희미하게 들었다가 희미하게 나갑니다. 이런 인슐린 충격요법에서 의식이 들었다가 의식을 잃어갈 때 환자는 마치 죽어가는 기분이 듭니다. 그래서 비명을 지릅니다. 그것은 죽는 것과 같습니다. 그리고 환자들이 이 상태에 대해서 말하는 것을 듣고 있으면, 이것이 아기들이 경험하는 것과 부분적으로 같겠다는 생각이 듭니다. 아기들은 각자의 방식대로 의식이 들었다 사라졌다 하는 순간에 비명을 지르고, 또 지릅니다. 그리고 비명이 서서히 사라지는 순간을 경험하는데, 그것이 아마도 이와 같을 것입니다.

제가 젊었을 때에는 여러 종류의 치료들을 시도해 보았습니다. 여러 가지 치료를 받아보았습니다. 그 중 하나는 신체 생체 에너지 치료였는데, 그 치료에서 우리는 비명을 질렀습니다. 또 하나는 일차적 비명 치료였습니다. 우리는 비명을 지르고 또 질렀습니다. 그것이 저에게는 좋았습니다. 효과가 있었습니다. 신체의 조직, 신체의 살아있음을 느꼈습니다. 비명을 지르는 것은 좋은 것입니다. 저는 뉴욕시에 있는 공중전화 부스처럼 거리에 작은 부스들이 있는 모습을 상상을 해보았습니다. 그것들이 바로 비명 부스입니다. 그리고 사람들은 필요에 따라 그 안에 들어가서 소리를 고래고래 지르지만 아무도 상관하지 않습니다. 그곳은 비명을 지르는 곳입니다. 위니캇의 접근 방식은 매우 다릅니다. 매우 심오합니다. 환자가 소리를 지르게 하는 것이 아니라, 내면의 비명을 듣고 느끼고 접촉하게 하는 것입니다. 외향적인 것이 아닙니다. 미국적인 외향성이 아닙니다. 보다 영국적인 분열-내향적인, 내면으로부터의 비명을 느끼는 것입니다. 이것은 매우 중요합니다. 이 두 접근 방식 모두가 좋습니다. 그러나 위니캇은 매우 섬세하고 중요한 어떤 것을 덧붙이고 있습니다. 그러나 이를 다루기에 앞서 멸절과 멸절불안에 대한 이야기를 하나 더 하겠습니다. 아시는 분들도 있겠지만, 위니캇은 엄마가 아기를 놔두고 떠난 상황을 묘사합니다. 엄마는 아기를 X 만큼의 시간동안 떠나 있습니다. 엄마는 돌아와서 아기를 달래주고 만지고 웃어줍니다. 아기는 살아납니다. 그리고 삶은 계속 됩니다. 이는 사라졌다 다시 나타나는 경험의 맛보기 입니다. 인슐린 혼수상태를 뒷받침해 준 이론도 이와 비슷합니다. 인슐린 충격 요법은 죽었다가 살아나면 세상이 다르게 보인다는 이론이었습니다. 러시아에서는 더욱 극적인 방법을 실험했습니다. 수면치료에서, 육 개월 동안 환자를 잠들게 했습니다. 육 개월 동안 재워놓고, 그 동안 정신병이 없어진 상태에서 깨어나면, 그에게는 세상이 새로운 방식으로 보일 거라는 희망이었습니다.

　제가 꽤 오래 전에 쓴 책, 「회오리바람을 통과하기」가 생각납니다. 저는 그 책에서 재탄생 모델을 전달하려고 했습니다. 사라졌다 돌아왔다, 죽었다가 다시 살아나는 복잡한 과정에 대해서 다루었습니다. 때로는 죽었다가 소위 잘못된 방법으로 살아나는 경우가 있습니다. 결실을 맺는 방법으로 죽었다가 살아나기는 쉽지 않습니다. 때로는 죽어서 괴물이 되어 돌아옵니다. 이는 매우 복잡해서 이와 관련된 과정들을 설명하느라 책 한 권을 썼습니다. 위니캇이 말하는 X 시간 동안 죽어 있다가 엄마는 돌아오고, 그때 아기는 살아납니다. 이번에는 X에다 Y만큼의 시간이 더해져 더 오랫동안 죽어 있습니다. 엄마는 돌아오고 아기는 살아납니다. 아직 괜찮습니다. 불연속성을 지속시키고 죽었다가 살아나는 연습을 한 것입니다. 그것은 자신의 리듬의 일부가 됩니다. 그리고 이번에는 X 플러스 Y 플러스 Z의 시간이 더해집니다. 엄마는 없고 아기는 혼자 있습니다. X 플러스 Y 플러스 Z 만큼의 시간 동안, 엄마는 돌아오고 아기는 변해 있습니다. 아기는 예전과 같지 않습니다. 무엇인가 변화가 일어났습니다. 영구적인 변화, 손상입니다. 무언가 단단히 화나 있고 잘못 되어 있고 위축되었습니다. 자발적인 회복은 일어나지 않습니다. 바로 Z의 영역이 중요하며, 우리는 이것에 집중합니다. 죽었다가 돌아오지 못하기 때문에, 그것을 안고 살아가야 합니다. 또는 용서하는 능력을 발달시키거나 그것으로부터 움츠려 들기도 합니다. 또는 그것은 노여움이 됩니다. 우리는 스스로를 돌볼 수 있는 X 플러스 Y가 아니라, Z의 영역을 걱정하고 있습니다. 제가 쓴 「분노」라는 책의 일부를 여러분과 공유하겠습니다. 저는 그 책을 9/11 사태 직전에 썼습니다. 그때는 아직 책이 출판되기 전이었기 때문에 그 사건에 대한 부분을 추가했습니다. 시간이 조금 있었기 때문에 한 장을 썼습니다. 그 책에서 저는 그 폭격이 예견할 수 있었다고 썼습니다. 그것은 그 시대의 기분이었고, 그 시대의 분노였습니다. 여기저기서 폭발하고 있었습니다. 미국에서도 컴퓨터 시대에서도 말입니다. 사람들은 주차자리를 두고 살인을 합니다. 분노는 표출되고, 운전석 뒤에서도 표출이 됩니다. 운전하면서 서로를 살인 합니다. 분노는 증식하고 있습니다. 그래서 저는 분노에 관해 책을 썼습니다.

영국학파에서 위니캇과 비온 모두가 다루었던, 우리가 한번쯤 생각해볼 필요가 있는 것을 말씀드리겠습니다. 그것은 꿈과 현실 간의 다른 종류의 연결에 관한 것입니다. 저는 의식에 관한 불교의 견해도 매우 존중합니다. 그러나 위니캇과 비온은 거기에 없는 무언가를 이야기합니다. 뭔가 조금 다른 사고방식입니다. 그것은 매우 중요합니다. 우리가 여기에 다다를 수 있다면, 우리 사고를 한 층 더 진화시킬 수 있을 것입니다. 그것은 꿈이 현실을 만들어낸다는 것입니다. 즉 현실이 되기 위해서, 우리의 일부가 되기 위해서, 우리 존재의 살아있는 일부가 되기 위해서, 사물들은 꿈 작업을 통해서 우리 안으로 들어와야 한다는 것입니다. 꿈이 현실을 만들어낸다는, 현실을 실재로 만든다는 역설적인 사고입니다. 이것은 단순한 생각이 아닙니다. 여기에는 미묘한 부분들이 많이 있습니다. 비온과 위니캇은 이것에 대해 각별한 방법으로 생각했으며, 각자의 연구를 통해 서술했습니다. 위니캇에게 있어서, 그 비명은 내면의 정신적 비명입니다. 비명은 안에 있으며, 아기는 비명을 지르고 있습니다. 뇌 연구의 결과들은 비명을 지르고 있는 아기들의 뇌 상태가 마치 눈을 뜬 채 꿈을 꾸고 있는 것과 비슷하다는 것을 보여줍니다. 그때 아기는 꿈을 꾸는 것과 비슷한 뇌 상태에 있습니다.

그래서 아기들은 눈을 뜬 채 꿈을 꿉니다. 그리고 위니캇과 비온은 내면과 외부의 일들이 우리 내면의 일부가 되기 위해서는 꿈 작업을 통해 들어와야 한다고 말하고 있습니다. 비온의 이야기까지 할 시간이 있을지는 모르겠습니다. 그러나 비온에게는 무언가가 안으로 들어오는, 안으로 들여보내는, 그래서 우리의 일부가 되는 방식이 어떤 것인가가 중요합니다. 그것은 마치 "우리는 너무 많은 것을 들여서는 안 돼. 너무 많은 것을 들여보내지 마. 우리는 충분히 들여보내지 않았어"라고 말하는 것과도 같습니다. 누군가를 사랑하기 위해서는 들여보내야 합니다. 마음이 다른 누군가를 포용하기 위해서는 들여보내야 합니다. 그러나 어떻게 들여보내고 있습니까? 만약 누군가를 들여보낼 수 있는 그래서 자신의 일부가 될 수 있는 능력이 손상되었다면, 어떻게 되겠습니까? 우리는 생산하고 산출하고 만들어냅니다. 우리는 경제적인 장난감을 만들며, 정신적인 제품, 감정적인 제품, 물질적인 제품을 만들어냅니다. 그리고 우리는 자신의 사고의 산물들을 동화시키지 못하고, 그것들을 따라잡지 못합니다. 우리는 들여보낼 수 있는 것보다 그리고 소화시킬 수 있는 것보다 더 빨리 생각과 감정들을 만들어내고 있습니다.

위니캇과 비온에게 있어서, 꿈 작업은 경험을 계속하는 것이 아니라 그 경험을 받아들이고 소화시키는 필수적인 방법입니다. 경험에서 무언가를 얻어내고, 경험을 사용하고 경험을, 소화해내는 것입니다. 그런 점에서 꿈 작업은 우리 정신적 소화계통의 매우 중요한 부분입니다. 꿈을 통해서 사물들은 실재가 되고, 정서적으로 의미 있는 것으로 바뀝니다. 오늘 소개해 드릴 환자의 경우, 비명은 꿈을 통해서 실재하게 됩니다. 그녀는 고통에 빠져서 평생 동안 비명을 질렀을지도 모르지만, 그 비명을 사용할 수 있는 방법을 만나거나 받아들이지 못했습니다. 즉, 그녀 자신과 만나거나 자신의 꿈 작업과 만나지 못했습니다. 꿈을 통해서 그녀에게 비명이 실재하게 된 이야기를 들려드리겠습니다.

이 환자는 피부 발진, 습진, 여드름 등의 피부 질병을 앓고 있었습니다. 위니캇의 다른 책들에도 피부 발진과 호흡계 장애를 정신의 정신증적 부분과 관련짓는 내용이 있습니다만, 오늘은 다루지 않겠습니다. 영어를 얼마만큼 읽으실 수 있는지, 혹은 이 소장님이 이 책을 번역했는지는 모르겠습니다. 불과 몇 페이지 정도밖에 되지 않는 아주 짧은 에세이가 있는데, 이것을 이 소장님께 보내서 여러분이 받아볼 수 있게 하겠습니다. 그 에세이는 몇 쪽 분량밖에 안 되지만 정신의 정신증적 영역과 관련된 정신신체의 문제들을 다루고 있습니다. 이 책은 위닛캇의 모음집 중 최고이며, 그것의 제목은 「정신분석적 탐구」입니다. 아주 좋은 모음집인데, 사후에 출판된 책입니다. 클레어 위니캇이 편집인 중 하나인데, 다른 분들은 이름이 기억나지 않는군요. 혹시 영어로 읽어보실 분이 있다면, 카르낙 출판사를 알아보십시오. 그 출판사는 위니캇의 모든 책들을 출판하고 있습니다. 불행히도 정신분석 서적들의 높은 가격이 문제가 되는 것도 사실입니다. 제가 아는 유일하게 저렴한 정신분석 서적들은 웨슬리안 대학교에서 출판해준 저의 책 5권뿐입니다. 어째서 웨슬리안 대학교가 그렇게 낮은 가격을 책정했는지는 모르지만, 정신분석 서적들은 값이 비싸고 카르낙 책들은 더 많이 비싼 것 같습니다. 저는 낮은 가격이 좋은데 말입니다. 어쨌든 그들은 위니캇 전집을 출판했습니다. 이 부분을 복사해서 소장님께 보내도록 하겠습니다. 그래서 이 환자는 피부 발진 이외에도 자신이 무리한 몸 상태를 유지하고 있다고 했습니다. 빈틈없는 초긴장의 상태입니다. 환자는 비명의 느낌, 비명을 지를 필요를 감지하기 시작했습니다. 다른 출판된 책들에도 비명의 필요성이 인간의 필요성 중 하나로 인정이 되는지는 모르겠습니다. 하지만 저는 위니캇 외에 그런 생각을 한 사람을 본 적이 없습니다. 인간의 필요에 대하 서술하는 작가들은 다수이며, 그들은 20가지의 30가지 등의 인간의 필요와 다양한 정서적 필요들을 나열하고 있음에도 불구하고 말입니다.

신체의 긴장을 통해서 그녀가 만난 비명은 실패한 비명, 중지된 비명, 사산된 비명, 사라지는 비명이었습니다. 그녀의 의하면, 그것은 언제나 경험되지 않는 비명이었습니다. 그녀는 항상 경험하지 못하고 있는 비명을 갖고 있었습니다.

위니캇은 이것을 두고 매 회기마다 일어나지 않는 중요한 사건이라고 불렀습니다. 다시 말해서, 사라지는 비명, 사산된 비명, 실패한 비명은 매회기에 일어나지 않는 중요한 사건이었습니다. 그것은 전에는 일어나지 않았던 것입니다. 위니캇은 그녀가 찾고 있는 비명을 느꼈으며, 그의 말을 인용하자면 '모든 희망의 사라지기 직전에 내지르는 최후의 비명'이었습니다. 여기서 중요한 것은 단지 비명을 지르는 것이 아니라, 비명을 지를 수 있는 능력과 지를 수 없는 능력을 포함하는, 능력의 상실입니다. 이것은 마치 현재 미국에서 외상적인 정권으로 인해 사람들이 느끼는 무력감과도 비슷합니다. 마치 영향을 미칠 수 있는 능력을 잃어버린 것과 같습니다. 위니캇은 다양한 뉘앙스, 다양한 색채를 띤 잃어버린 비명을 강조합니다.

비명을 지를 수 있는 능력은 당연한 것으로 여겨서는 안 됩니다. 위니캇은 제가 이전에 이야기했던 Z의 상황을 묘사하고 있으며, 여기서 아기의 울음에 반응을 하지 않는 엄마로 인해 아기는 비명을 지르는 것이 소용이 없다고 느끼게 되고, 이제 비명은 그 목적을 이루는 데 실패하는 지점에 이르게 됩니다. 비명 차원에서의 의사소통은 위험에 빠지고, 위협을 받게 됩니다. 아시다시피, 비명은 일종의 의사소통이며 대답이 없으면, 그것이 단지 광야에서 외치는 비명이 된다면, 그 의사소통은 위험에 빠지고, 위협을 받으며, 손상을 입습니다. 가장 최초의 의사소통 과정들이 손상을 입는다면, 우리는 성격의 손상을 다루고 있는 것이며, 이것은 분열이라는 단어를 사용하기 훨씬 이전의 일입니다. 분열은 여기에 적용되지 않으며, 여기에서는 의미가 없습니다. 분열은 훨씬 더 조직화 되어있고, 너와 나, 이것과 저것 등을 구분하는 것과 관련되어 있습니다. 우리는 여기서 다른 뉘앙스, 다른 능력을 말하고 있는 것입니다. 그러므로 비명에 대한 대답이 없다면, 그것은 사라지기 시작하며, 더 이상 비명이 아닌 것이 됩니다.

만약 비명이 계속 된다면, 그것은 들을 수 없는 것 또는 들리지 않는 것이 됩니다. 어떤 사람들은 투명인간이 된 것처럼 느끼고, 어떤 사람들은 들리지 않는, 다른 사람들이 자신을 들을 수 없고, 스스로도 자신의 말이 들리지 않는다고 느끼게 됩니다. 치료 상황에서 잃어버린 비명은 수면 위로 나올 수 있는 기회를 갖습니다. 그것이 나올 수 있는 것은 들어줄 동반자가 있기 때문입니다. 치료자는 환자가 상담실에 들어오는 순간에 그 비명을 들을 수도 있습니다. 그리고 그것에 대해 수년간 언급하지 않을 수도 있습니다. 그러나 환자 내면에 있는 비명, 들을 수 없는 비명을 듣는 경우는 드물지 않습니다. 그 사람을 보자마자, 느낄 수 없고 알 수 없는 비명이 즉각적으로 전달되는 경험은 이상한 것이 아닙니다.

다양한 정도로 알 수 있거나 알 수 없는 비명을 가진 채 걸어 다니는 사람은 드물지 않습니다. 치료자는 영혼이 지르는 비명에 대해서 알고 있습니다. 위니캇은 정신과 신체를 연결하는 비명을 말합니다. 그 비명을 잃어버리면, 정신과 신체간의 특정한 연결을 잃어버립니다. 위니캇에 의하면, 울음, 비명, 고함, 성난 외침의 긍정적인 역할은 그것이 정신 신체간의 관계를 강화시켜준다는 것입니다. 그것이 제가 젊은 시절 비명치료에서 경험했던 것입니다. 나의 내면의 비명을 따라잡기까지는 그 후에도 수년이 더 걸렸습니다. 꿈이 내지르는 비명을 되찾을 경우에는 정신 신체간의 관계, 상호관계가 굉장히 튼튼해집니다. 꿈 비명은 정신신체 간의 흐름을 더욱 원활하게 만들어줍니다. 그리고 인공적인 삶을 살아갈 필요를 줄여줍니다. 우리가 억지로 살아 있으려 하는 것, 강요된 살아있음은 위니캇 이론이 지닌 훌륭한 테마입니다. 그는 이것에 대해 여러 방면으로 묘사를 합니다.

살아있으려는 우리의 노력에 대한 예를 들어보겠습니다. 중간 대상에 관한 논문 종반부에서, 그는 엄마를 살아있게 하기 위해서 엄마의 중간대상이 되어야 했던 한 여성의 예를 들고 있습니다. 그녀는 존재하지 않는 경험을 해볼 기회가 없었습니다. 그녀는 항상 거기에 있어야 했습니다. 그녀는 항상 전원이 들어온 상태, 상대방에게 미소를 지어야 했습니다. 그녀의 엄마는 아이의 살아있음에 의지를 하고 있었기 때문에 엄마를 위해 살아있는 척 해야 했습니다. 그러므로 이 여성은 존재 없음을 전혀 경험할 수 없었습니다. 그녀는 죽어있을 수 없었습니다. 그녀의 엄마는 그것을 견디지 못했습니다. 그래서 그녀는 그냥 가만히 있을 수 없었습니다. 그녀는 자신이 절대 존재를 놓아버려서는 안 되는 엄마의 필요를 충족시켜주기 위해 항상 시동을 걸고 있어야 했으며, 단순히 존재하는 것 그 이상이어야 했습니다.

서로에게 존재하지 않음의 공간을 마련해주는 것은 중요합니다. 그렇지 않으면 우리의 존재함은 강제된 것입니다. 도교의 가르침 중에 죽어있음, 삶 가운데 있는 죽음에 관한 것이 있습니다. 소위 너무나 삶의 한 가운데 있어서 스스로를 잃게 되고, 너무 살아있으려는 나머지 스스로에게 죽어있는 것이 될 수 있다는 이야깁니다. 그러므로 위니캇은 소위 강제로 살아 있으려고 강요하는 대신에 살아있음, 덜 살아있음, 죽어있음, 거기에 존재하지 않음, 돌아옴의 리듬을 즐기는 것이 중요하다고 말합니다.

제가 이십대에 자폐아동들과 일했던 것이 기억납니다. 하루는 한 아름다운 자폐소녀가 유모차로 기어 들어가서 등을 대고 눕습니다. 손을 위로 올린 채 몸을 완전히 엽니다. 마치 그 순간 그녀는 천국에 있는 것 같습니다. 서두를 필요 없이 활동적일 필요 없이 움직일 필요 없이 말입니다. 완전히 편안한 상태이며, 비온은 그의 치료 특정 부분에서 이것을 목표로 했습니다. 손을 놓고 존재의 끈을 놓습니다. 그냥 떠돌면서, 거기에 없기도 하고, 있기도 하면서, 아무것도 상관이 없습니다. 단지 그럴 뿐입니다. 그녀의 좋은 치료자는 다가옵니다. 그녀는 매우 활동적인 사람입니다.

그녀는 유모차에 누워있는 소녀를 보고는 그 소녀의 가슴팍을 손가락으로 "푹, 푹, 푹" 찌릅니다. 마치 간지러워하는 반응을 얻어내려는 것 같습니다. 마치 웅덩이 돌을 던진 것처럼 소녀가 깜짝 놀라는 것이 보입니다. 그녀의 평화는 깨졌으며, 이것은 충격입니다. 저 또한 깜짝 놀랐고, 그 놀람, 그 파동, 그 물결을 느꼈습니다. 50년이 지난 지금에도 그것이 느껴집니다. 그 순간은 우리가 서로에게 해서는 안 되는 것의 모델입니다. 환자의 평화로운 경험을 깨기 전에, 치료자는 한번쯤 더 생각을 해봐야 합니다. 그들이 그렇게 하는 것은 다른 생각을 하고 있기 때문이거나 환자가 뭔가 잘못하고 있다고 생각하기 때문입니다. 그것은 엄마가 아이에게서 즐거운 자극이나 살아있음 혹은 다른 종류의 살아있음을 얻어야 할 필요를 갖고 있는 것과도 같습니다. 그래서 이 치료자는 매우 좋은 사람임에도 불구하고, 다른 방식으로 살아있던 본인의 환자에게 너무나 활동적으로 살아있었습니다. 어제 박물관에서 저는 몇몇의 한국 풍경화에서 다른 종류의 살아있음을 보았습니다. 그것은 다른 종류의 살아있음이었습니다. 항상 활동적인 것과 수동적인 것, 이 두 가지가 잘못 짝지어지는 것이 문제 입니다. 저는 이 문제에 대해 수년간 생각해보았습니다. 지금도 좋은 의도를 가진 사람들이 수동적인 면을 갖고 있지 않거나 자신의 수동성을 두려워하거나 혹은 그 반대의 경우에 대해 생각합니다. 어느 쪽도 될 수 있습니다. 이 미묘한 조율의 차이, 미묘한 짝과 잘못된 짝은 우리가 어떻게 성장하고 어떻게 느끼는 가를 결정하는 데 있어서 중요한 배경적 역할을 하고 있습니다.

제 아이들을 관찰하던 일이 기억납니다. 태어날 때부터 제 두 아들들은 매우 달랐습니다. 한 명은 모든 것과 조화를 이룬 듯 했고 한 명은 사나워 보였습니다. 모든 것과 조화를 이룬 아들은 쉽게 같은 포즈와 같은 상태를 취할 수 있었습니다. 그는 응시를 했고, 그것은 마치 끝이 없는 수평선을 바라보는 것 같았습니다. 그것은 천국이었을 수도 있고, 아무것도 아니었을 수도 있습니다. 그러나 그를 관찰하고 그런 상태에 있는 느낌을 느끼면서, 저는 많은 것을 배웠습니다. 이것은 존중해야 될 상태이며, 우리의 삶을 꿰뚫는 실입니다. 제가 청년이었던 1957년에, 저는 성승 스즈키를 그리고 몇 년 후에는 마틴 부버를 만날 수 있는 영광을 누렸습니다. 두 명 모두 위대한 영적 탐구자였습니다. 스즈키의 강연에서, 그는 사랑의 일곱 가지 차원에 대해서 말했습니다. 질의응답 시간에 그는 자발적인 깨달음에 대해 이야기했습니다. 이것은 그 후로 제 인생에서 큰 역할을 했습니다. 마치 동요, 좋은 동요가 일어난 것 같았습니다. 정확히 기억이 나지는 않지만, 청중에서 누군가가 질문을 했습니다. 그것은 활동성과 수동성에 관한 것이었습니다. 정신분석에는 수동성이 나쁜 것은 아니지만 그것을 죽음과 연관시키는 경향이 있습니다. 심지어 당시 불교 문헌 중에는, 물론 그 당시 별로 기록된 것이 없었고, 스즈키 이전에 기록된 것도 별로 없었음에도 불구하고, 불교인들은 자신들의 수동성은 죽어있는 것이 아니라 살아있는 것임을 강조했습니다. 그들은 수동성이 평가절하 되는 것에 대해 많은 관심을 가졌습니다. 그래서 그들은 이것을 잘 치장해서 좋게 이야기해야 했습니다. 그 질문을 받았을 때 아흔 살이었던 스즈키는 이렇게 대답했습니다. "수동성, 수동성! 수동성이 뭐가 잘못됐습니까?" 그는 미국에서 즐길 있는 최고의 것들이 수동적인 것이라고 이야기했습니다. 영화관에 가서 화면을 바라보고, 여기저기 비행기를 타고 가는 것, 그 모든 것은 수동성입니다. 그러나 제 짐작에는, 수동성은 활동적인 사회에 적합하지 않다는 이유로 모든 곳에서 평가절하 되고 있습니다. 그래서 자신의 유아적인 측면을 그리고 자기의 수동적인 측면을 존중하지 못합니다. 언제나 활동적인 아기여야 한다고 생각합니다.

여러분은 이것이 전혀 다른 언어임을 알 수 있습니다. 이것은 분열의 세계가 아닙니다. 분열의 세계가 잘못되었다는 것도 아닙니다. 사용하기에 따라 그것은 좋은 언어입니다. 그러나 그것은 초기 자기의 형성, 자기가 형성되는 환경에 대해 말해주지는 못합니다. 여기서 중요한 것은 환경의 반응입니다. 타자의 반응은 좋던 나쁘던, 유익하던 독이 들었던 간에 아기가 살아 숨 쉬는 정신적 공기이기 때문입니다. 이 환경은 우리가 형성될 때, 또는 우리가 삶 안으로 들어 올 때 우리의 삶을 지지해주거나 손상시킵니다. 그것은 또 다른 영역입니다. 그리고 이것에서 볼 수 있듯이, 그것은 분석가가 하는 어떠한 말이나 행동보다도 중요합니다. 물론 우리가 말하고 행동하는 것은 어떤 점에서 모두 중요합니다. 그러나 더 중요한 것은 정신적 환경이며, 이것은 많은 세월이 걸려야 바꿀 수 있는 것이며, 한 사람의 삶의 균형을 바꿀 수 있는 것입니다.

위니캇은 환자가 잃어버렸던 비명을 꿈 꿀 수 있는 능력은 오로지 분석을 통해서 가능하다고 말합니다. 즉, 꿈에 대한 희망이 돌아오고 그녀의 삶의 더 건강한 요소들과의 만남이 가능하게 되는 것은 분석을 통해서 이루어진다고 말합니다. 이것은 매우 강력한 진술입니다. 위니캇의 글을 읽다 보면, 그가 글을 너무 부드럽게 쓰기 때문에 그가 얼마나 강력한 말을 하고 있는지 깨닫지 못할 때가 많습니다. 그는 매우 힘 있고 엄격하고 강력하게 이 말을 하고 있습니다. 그러나 영어에서 그의 말들은 버터처럼 살살 녹기 때문에, 강력함을 놓치기가 쉽습니다. 한국어로는 어떻게 들리는지는 모르겠습니다. 영어로 된 위니캇의 말은 너무나 부드럽기 때문에 그의 말이 갖는 심오함의 충격을 놓칠 수 있습니다.

영어로 위니캇을 읽는 것은 마치 좋은 엄마를 느끼는 것과 같습니다. 눈이 먼 엄마가 아니라 볼 수 있는 엄마를 말입니다. 보는 것과 느끼는 것 사이에는 연결이 있습니다. 대조적으로, 영어로 멜라니 클라인을 읽는 것은 전쟁입니다. 그것은 격렬합니다. 그리고 그들 모두는 중요합니다. 그들 모두가 바로 우리들 자신이기 때문입니다.

위니캇에게 있어서, 꿈을 꾸는 것은 정신적으로 살아있는 데 중요한 역할을 합니다. 그리고 치료는 꿈을 지원해주는 중요한 역할을 합니다. 한국에는 어떤 언어가 있는지 모르겠습니다만, 미국에서 사람들은 '그냥 꿈이야. 악몽일 뿐이야' 라고 말합니다. 비온의 이론에서는 우리가 악몽을 꿀 수 있을 때 정신이 시작됩니다. 치료 상황에서 '아. 그는 악몽을 꾸었네. 이제 치료가 시작되는구나' 라고 느낍니다. 그의 정신은 이제 진실을 말해주고 있는 것입니다. 그 사람에게 있어서 살아있음이 어떤 것인지를 보여주고 있는 것입니다. 여러 해 전에 제가 경험했던 많은 치료 중에 프리츠 퍼얼스라는 사람의 치료가 있었습니다. 그는 마치 오만한 천재 같았습니다. 그는 자신의 치료법을 게슈탈트 치료라고 불렀습니다. 그의 지시에 따라 우리는 꿈을 말하고, 그 꿈 안에 있는 모든 것이 되었습니다. 꿈속에 탁자가 나타나면, 탁자가 되었습니다. 그리고 꿈의 모든 요소의 관점에서 말을 했습니다. 그리고 꿈을 말하기에 앞서, 즉 어떤 말을 하기 전에, 항상 이 말을 해야 했습니다. "이 꿈은 나의 존재입니다."

우리가 꿈을 그냥 꿈일 뿐이야 라고 말할 때 우리는 정신을 평가절하하고 있는 것입니다. 문화도 그것이 이익이 되지 않는 한, 정신을 평가절하하고 있습니다. 정신은 조작할 수 있고, 이용할 수 있고, 영화를 만들고, 책을 팔고, 전쟁을 일으키고, 돈을 버는 수단으로 사용되고 있습니다. 정신 그 자체를 위한 공간은 거의 없습니다. 예술가들과 정신분석가들은 그 일을 위해 노력하고 있습니다만 전부가 그런 것은 아닙니다. 그들 중 일부는 정신을 존중하는 일을 지속시키고, 그것이 삶의 일부가 될 수 있는 공간을 마련하려고 노력합니다. 위니캇의 환자가 겪어야 했던 상실감, 잃어버린 비명에 대한 느낌의 강도와 기간은, 그것이 임상에서 나타날 때 그것을 깊이 이해할 수 있는 길을 열어주었습니다. 위니캇에게 가장 중요한 것은 비명이 아닙니다. 비명은 비명일 뿐입니다. 그것은 어떤 것입니다. 그것은 중요하지 않습니다. 중요한 것은 비명의 느낌이며, 꿈은 이를 보존하려고 합니다. 그것은 마치 정신병 환자가 인슐린 충격 요법에서 겪는 것과도 같습니다. 거기에는 느낌이 있습니다. 물론 끔찍한 느낌입니다. 그러나 그것은 꿈 비명과도 같습니다. 그것은 진짜입니다. 그리고 어떤 점에서 악몽과 꿈 그리고 악몽과 현실 사이에 차이가 없습니다. 이라크 시민들에게 일어나고 있는 것은 실제 악몽입니다. 그리고 그것은 우리의 꿈과 맞아떨어지고 있고, 우리의 내면상태와 공명을 이룹니다.

비록 실제적인 차이는 있지만, 그리고 저는 이 실제적인 차이를 이해하고 있지만, 자기와 세상이 하나의 직물로 짜이는 하나의 방식이 있습니다. 그리고 정신을 제외시켜놓고서 정치적인 문제들을 해결할 수 없습니다. 지금 일어나고 있는 것처럼, 우리는 사회가 정신을 침범하고 있는 문제에 대해 생각해야 합니다. 이 문제들은 정신적 차원을 포함하지 않고는 해결될 수 없습니다. 그것은 정신적이고 사회적인 차원에서 모두에서 접근해야만 합니다. 어느 하나로는 되지 않습니다. 이 공식에는 두 가지가 모두 포함되어 있습니다. 그것들은 같은 직물의 일부입니다.

이제는 비명을 느껴보는 차례입니다. 이것은 비온을 훈련시킨 것과 같은 문제입니다. 우리는 어떻게 꿈을 통해서 무언가를 감정 상태로, 우리에게 실질적인 것으로, 느낄 수 있는 현실로, 우리가 맛볼 수 있고, 냄새 맡을 수 있고, 숨 쉴 수 있고, 우리의 삶의 일부로 만들 수 있는 걸까요? 단지 부인하거나 환각을 통해 없애 버리지 않고 말입니다. 위니캇은 한 걸음 더 나아갑니다. 그는 단순한 비명이 아니라, 느껴진 비경 또는 느껴지는 비명에 대해 말합니다. 그리고 그에 의하면, 꿈 비명은 연결되어 있다는 느낌과 살아있다는 느낌의 가능성을 열어줍니다. 이것은 강력한 진술입니다. 제가 제대로 전달하지 못하고 있습니다. 꿈 비명은 감정, 연결, 깨어있음, 그리고 수면의 가능성을 열어줍니다. 이 모든 것들은 서로 다른 존재의 형태들로서, 그리고 의식과 무의식의 다른 형태들로서 함께 작업을 합니다. 그리고 위니캇은 감정이 그것들을 연결시켜준다고 제안합니다.

비온 또한 깨어있음과 잠들어 있음 사이의 연결에 관심을 가졌습니다. 그는 특히 정신분석의 목표는 무의식을 의식화하는 것이라는 프로이트의 말에 관심을 가졌습니다. 비온은 지금 생존인물이 아닙니다. 그는 20여 년 전에 죽었습니다. 비온은 우리 시대에는 의식을 무의식화 하는 것을 배우는 것이 더 중요하다고 느꼈습니다. 무의식을 받아들이고, 자신의 삶의 일부로 삼으라고 합니다. 세상을 받아들이고, 다른 사람을 받아들이고, 자신의 생각을 받아들이고, 스스로와 만남을 받아들이라는 것입니다. 우리가 어떻게 우리 자신에게 진정된 존재가 되고, 어떻게 자기와 연결되는 걸까요? 자기(自己) 라는 말은 개념에 불과합니다. 꿈 비명의 경우, 꿈 자체는 여러 가지 색깔을 갖고 있습니다. 그것은 하나의 스펙트럼입니다. 비명은 프리즘과 같습니다. 그것은 여러 부분들로 이루어져 있습니다. 만약 비명을 듣고, 느끼고, 그것이 자신에게 스며드는 것을 허락한다면, 우리는 그것이 여러 개의 필라멘트로 이루어져 있고, 감정의 스펙트럼에 여러 가지 색깔이 있다는 것을 볼 수 있게 됩니다. 한 가지가 아닙니다. 정신 안에는 어떤 것도 한 가지만 있지 않습니다. 그것은 여러 개의 필라멘트이고, 여러 색채의 혼합입니다. 그리고 비명의 여러 감정 스펙트럼의 색깔 중에 핵심적으로 중요한 두 가지가 있는데, 그것은 분노와 고통입니다. 그것은 마치 거기 있어서는 안 될 고통을 느끼는 것과 같습니다. 그것은 마치 윤리적 명령처럼 느껴집니다. 어떤 점에서 비명은 그 안에 윤리규범을 담고 있습니다. '이것은 일어나서는 안 되는 것이다. 무언가가 잘못 되어 있다.' 그리고 그것에 대한 분노와 고통이 있습니다. 그리고 치료는 이 분노와 고통이 스스로와 다른 사람들을 연결시켜주는 의사소통의 고리로 바뀔 수 있는 가능성을 열어줍니다.

여러분들이 이미 들어봤을지도 모르는 한 가지를 덧붙이고 싶습니다. 그것은 심오하지 않는 가벼운 이야기입니다. 위니캇이 죽었을 때, 클레어 위니캇은 어쩐지 그의 죽음을 완전히 믿지 않았습니다. 그녀는 마치 그가 아직 자신과 함께 있는 것처럼, 곧 나타날 것처럼, 휴가에서 돌아올 것처럼, 그리고 자신이 부탁했던 물건을 가져오는 것을 잊어버릴 것처럼 살아가고 있었습니다. 그가 살아있을 때, 한번은 그녀가 넘어지는 바람에 반창고가 필요해서 그를 약국에 보냈는데, 그는 반창고 사오는 것은 까맣게 잊고서 책을 한 권 사들고 돌아왔습니다. 그는 그녀의 특정한 필요들을 잘 기억하지 못했던 것 같습니다. 그는 다른 것에 몰두해 있어서 그것을 잊곤 했습니다. 그래서 그녀는 그가 돌아올 때에는 자신이 부탁했던 것은 잊어버린 채 걸어 들어 올 것이라고 기대했습니다. 그리고 그녀는 위니캇이 등장하는 꿈을 꾸었습니다. 그는 꿈에서 "있잖아, 클레어, 나 죽었어"라고 말했습니다. 그리고 그녀는 그 사실을 이해했습니다. 그의 죽음은 이제 그녀의 일부가 되었습니다. 그것은 진정한 현실이 된 것입니다.

*　　　*　　　*

비온의 맛을 좀 보겠습니다. 이에 앞서 잠깐 이야기 할 것이 있습니다. 우리에게 주어진 시간이 많은 것 같지만, 사실은 아주 짧은 것이며, 우리가 이 시간 내에 조그마한 표본을 그러나 괜찮은 표본을 만들 수 있다면, 행운일 것입니다. 만약 좋은 표본을 만들 수 있다면, 도움이 되지 않는 많은 이야기를 하는 것보다는 나을 것입니다. 그러므로 이것은 클라인, 위니캇, 비온, 그리고 물론 아이건의 렌즈를 통해 정신적 현실에 발을 담가보는 표본이 될 것입니다. 저는 오늘 이 세 명을 바라보는 렌즈로서 기능할 것이고, 여러분도 그럴 것입니다. 이 접근 방식에 더 다가가고 싶은 분들을 위해서 소장님에게 이미 많은 참고문헌을 드렸습니다. 더 알고 싶으신 분들은 그를 괴롭혀보십시오. 저는 세 권의 책에서 멜라니 클라인에 대해서 썼습니다. 그것들은 「정신증적 핵심」, 「정신적 죽음」 그리고 「감정은 중요하다」입니다. 「감정은 중요하다」에서 마지막으로 멜라니 클라인에 대해서 썼습니다. 광증의 상자라는 제목의 글입니다. 오늘 아침에 위니캇에 대해서 읽었던 짧은 글은 「분노」에서 발췌한 것입니다. 그리고 지금 다룰 비온에 관한 짧은 부분은 「민감한 자기」에 나와 있는 것입니다. 어쨌든 비온을 조금 맛보겠습니다.

　이재훈 소장님이 만약 번역을 한다면 어떤 책부터 번역하는 것이 좋겠느냐고 물어왔습니다. 그래서 저는 여러 분들을 위해 「독이 든 양분」을 추천했습니다. 여러분에게 좋은 책이 될 것 같습니다. 매우 접근이 쉽습니다. 매우 심오합니다. 자살, 낙태, 그리고 자기의 깊은 부분과 작업하는 내용을 포함하고 있습니다. 오늘날에 대한 많은 이야기를 하고 있으며, 정신 깊은 곳의 정신증적 차원에 대한 많은 이야기를 하고 있습니다. 거기까지만 말씀드리겠습니다. 「독이 든 양분」의 한 가지 테마는 근본적으로 독성이 들어있는 양분을 섭취하는 사람들이 있다는 것입니다. 어쩌면 우리 모두일지도 모릅니다. 그들은 정신적인 독성물질에서 영양분을 섭취하고 있습니다. 마치, 뭐라고 해야 할지 모르겠습니다. 너무 끔찍한 내용을, 공식석상이니까 그래도 좀 좋게 표현해보겠습니다. 만약 미국이었다면, 굳이 그럴 필요가 없었을 것입니다. 그러나 좋게 표현해보겠습니다. 이런 사람들은 마치 똥을 먹고 사는 파리와도 같습니다. 살기 위해서 끔찍한 환경 속에서 영양분을 얻습니다. 그리고 신체 조직은 그런 방식으로 영양분을 섭취하는 거에 익숙해 있습니다. 그래서 그들은 더 좋은 환경이 주어져도 그것을 사용할 수가 없습니다. 그들은 그것을 사용할 수 있는 장비를 발달시키지 못했기 때문입니다. 심리치료에서도 사용할 수 없는 것을 주는 것은 문제가 됩니다. 그것은 아직 생겨나지 않는 개발되지 않는 능력을 요구하는 것이기 때문에, 환자에게는 수치스런 경험이 됩니다. 그들은 누군가가 주는 좋은 감정을 사용할 수 있는 능력이 아직 발달되지 않았습니다. 그들이 발달시킨 것은 정서적 독극물을 먹고 사는 능력입니다. 5년이 걸리던 10년이 걸리던 20년이 걸리던, 이들에게는 좋은 감정을 사용할 수 있는 능력이 발달할 수 있는 환경을 제공하는 것이 필요합니다. 저의 환자들 중에는 40년 동안 함께 해온 사람들도 있습니다. 제가 정신분석을 시작했던 때부터 같이 가고 있는 환자들도 있습니다. 보통 사람들이 들으면, 미쳤다고 할지도 모릅니다. 그렇게 오랫동안 무얼 한 거냐? 무엇을 잘못하고 있는 거냐? 그러나 그것은 잘못된 질문입니다. 너무 심하게 손상된 그들의 의존에 대한 필요가 너무 커서 마치 숨을 쉬기 위해 치료자를 필요로 하는 사람들이 있습니다. 치료자는 그들의 중환자 시설입니다. 치료자는 그들이 정서적으로 숨 쉬는 것을 돕습니다. 그들이 정서적으로 연명하는 것을 돕습니다. 치료자가 환자의 의존성에 대한 죄책감 때문에 환자를 서둘러 밀어내지 않을 수 있게 된 것은 위니캇의 공헌입니다. 환자들의 의존의 필요가 시간에 걸쳐 자라나고 성숙할 수 있도록, 그래서 그들이 치료자를 사용할 수 있을 때까지 기다리는 것이 중요합니다.

임상적 기법과 관련해서 클라인 학파와 위니캇 학파의 한 가지 차이를 말해보겠습니다. 제가 말하려는 내용은 조금 불공평하게 들릴 수 있겠지만, 사실은 그렇지 않습니다. 제 방식대로 간단히 말해보겠습니다. 클라인 학파는 환자들에게 수치심을 주는 경향이 있습니다. 그들은 지나치게 도덕적인 경향이 있습니다. '당신은 충분히 좋지 않습니다. 당신은 편집분열적입니다. 당신이 우울적 자리에 도달하기 전까지는 당신은 충분히 좋지 않습니다. 편집분열적 자리에 있는 당신은 뭔가 잘못되어 있습니다. 당신은 어른이 아닙니다. 당신은 우울적 자리로 옮겨가야 합니다.' 여기에는 클라인 식의 도덕성이 있고, 그것이 환자를 변화시킵니다.

위니캇의 접근 방식에서는, 그의 말을 인용하자면, 환자가 소위 우울적 자리에 도달할 수 없다는 것을 알고 있습니다. 거기에 도달하는 것이 좋은 것인지도 잘 모르겠습니다. 이것을 분석해볼 수는 있습니다. 앞으로 3일간 이것을 분석해볼 수도 있습니다. 그러나 치료자는 환자가 지금 그것을 할 수 있는 능력이 없다는 것을 압니다. 치료자가 그에게 수치심을 주는 해석을 하고, 손상된 정신을 그의 코앞에 들이미는 행동은 그가 앞으로 나아갈 수 있는 능력을 발달시키는 데 도움이 되지 않습니다. 어쩌면 환자는 분석가의 비위에 맞추기 위해서 거짓자기를 발달시킬 수도 있습니다. '그래 나는 우울적 자리에 도달한 척 해야지.' 마치 죄수가 감옥에서 석방되기 위해서 더 좋은 사람이 된 것처럼 위장하는 것과 같습니다. 그러나 위니캇의 접근방식은 현재 있는 상태 그대로의 환자를 이해해주고, 그를 서둘러 밀어붙이지 않습니다. 그를 뒤에서 그리고 밑에서 지지해주고, 보이지 않게 환경을 만들어줍니다. 마치 치료자는 거기에 없는 것처럼 말입니다. 치료자는 정서적 존재, 긴 시간에 걸쳐 흡수되는 정서적 환경을 제공합니다. 그들의 부족한 점을 코앞에 들이밀지 않습니다. 치료자는 환경을 제공하면서, 시간에 걸쳐서 무언가가 서서히 발생하는 것을 지켜봅니다. 이것은 환자에게 박해받는 느낌이 아니라 지지받는 느낌을 제공합니다.

그래서 위니캇은 그의 삶의 말년에 해석은 그리 중요하지 않다고 말했습니다. 그는 해석이 환자를 위하기보다는 분석가를 위한 것이라고 느꼈습니다. 그는 환자가 살아갈 수 있는 눈에 보이지 않는 다른 종류의 대기를 제공하는 것이 중요하다고 보았습니다. 이제 위니캇에 대한 이야기를 그만 접고, 비온의 세계를 맛보도록 하겠습니다. 그것은 정말 엄청난 세계입니다. 비온은 자신의 방식대로 그 누구도 도달하지 못한 정신의 가장 깊숙한 곳을 탐구했습니다. 비온만큼 정신의 깊은 곳에 도달한 정신분석가는 거의 없습니다. 우리가 정신을 탐구하고 갈 수 있는 깊이까지 도달했을 때, 우리는 아마도 그곳에 하나의 작은 깃발이 꽂혀 있는 것을 볼 수 있을 겁니다. 그리고 그 작은 깃발에는 'B'가 표시된 것을 볼 수 있을 겁니다. 아마도 비온은 벌써 그곳을 거쳐 갔을 것입니다. 그리고 사람들이 볼 수 있게끔 표시해 놓았습니다. "아! 여기 있는 것을 보세요. 볼만한 가치가 있는 것입니다." 그래서 비온의 연구결과의 많은 것들은 소위 정신 곳곳에 꼽힌 작은 깃발들이며, 그것들은 이렇게 말하고 있습니다. "만약 우리를 발견한다면, 만약 이 곳까지 왔다면, 잠시 멈추고 둘러보세요. 그럴 만한 가치가 있습니다."

마치 철조망으로 둘러싸인 것 같은 비온과 같은 저자의 글을 읽는 것은 모든 사람들에게 적합한 것이 아닙니다. 위니캇과 클라인의 글도 그 점에서는 마찬가지입니다. 만약 그들이 여러분에게 말을 걸어온다면, 그들과 함께 머무르세요. 만약 그들이 말을 걸어오지 않는다면, 그들을 버리고 여러분에게 말을 걸어오는 무언가를 찾으세요. 말을 걸어오지 않는 것에 매달리는 것은 시간 낭비입니다. 이 저자들은 저에게 말을 걸어왔습니다. 저는 제가 사랑하는 저자들, 즉 제가 길을 찾는데 도움이 되었던 저자들에 대해서만 이야기를 합니다. 저에게 도움이 되지 않았던, 제 안으로 들어오지 않았던, 제가 누구인지 볼 수 있도록 불을 비춰주지 않았던, 저자들에 대해서는 언급할 필요가 없습니다. 저는 어제 대상관계 정신분석연구소 졸업생들에게 했던 것처럼, 제 학생들에게도 항상 말합니다. "여러분들에게 유익한 것들만 읽으십시오. 여러분들에게 등불을 밝혀주는 것들만 읽으십시오. 나머지는 관심을 끄세요. 다른 것이 오게 된다면, 오게 되겠지요. 그러나 지금은 읽을 수 있는 것들만 읽으세요." 비온 이야기를 하겠습니다. 오늘 오후에 다룰 것은 하나의 작은 임상 사례입니다.

여러분의 존재 안에 하나의 장소를 발견한다면, 정신 안에서 영혼을 둘러싸고 철조망이 쳐있고 그 철조망이 영혼을 찌르고 있는 장소를 발견한다면, 비온은 여러분을 돕기 위해 기다리고 있을 겁니다.

여러분이 이 선혈이 낭자하는 장소를 발견하지 않는다면, 여러분은 운이 좋은 것이고, 비온을 읽지 않고도 안전하게 살아갈 수 있을 것입니다.

그래서 저는 비온이 재미있습니다. 그의 이론 여기저기에 흩어져 있는 사례들에 대해 생각하는 것을 좋아합니다. 그의 책에서 긴 사례를 제시한 경우는 없는 것 같습니다. 멜라니 클라인은 있습니다. 그녀는 아동 정신분석에 대해 서술하면서, 제2차 세계대전 당시 리쳐드 라는 소년의 긴 사례를 제시했습니다. 그녀는 매 회기를 자세히 서술했는데, 그것은 읽을 만한 가치가 있습니다. 그리고 위니캇도 「놀이와 현실」에서처럼 긴 사례들이 꽤 있습니다. 이런 저런 사례들을 다룹니다. 그러나 비온은 그렇지 않습니다. 그는 기껏해야 작은 파편들과 작은 사례보고들을 다룹니다. 그는 일반적으로 단편적인 사례를 씁니다. 그리고 지금 말씀드릴 사례는 '반 반'이라고 제가 이름을 붙였습니다. 비온의 작은 사례를 말씀 드리고 나서, 이 짧은 시간 동안 무엇을 얻어낼 수 있는지를 알아보겠습니다.

이것이 제대로 전달될지 모르겠습니다. 이것에 대한 한글 번역이 어떻게 들릴지 모르겠습니다. 그것은 일종의 영국식 유머입니다. 비온 안에는 어떤 블랙 유머가 있습니다. 그것은 눈에 보이지 않습니다. 그것은 마치 그가 무언가를 놀리거나 조롱하는 것 같습니다. 무엇을 조롱하는지는 모르겠습니다. 스스로를 조롱하는 것인지, 환자를 조롱하는 것인지 모르겠습니다. 그것은 반어적인 것일까요? 그것은 매우 미묘합니다. 그는 정신을 조롱하는 걸까요? 정신에 대해 반어적으로 말하고 있는 걸까요? 인간의 조건에 대해서 반어적으로 말하고 있는 걸까요? 그는 무엇을 조롱하고 있을까요? 그는 우리의 됨됨이 우리가 무엇인지에 대해 조롱하고 있습니다. 그것은 마치 이상한 거울을 들여다볼 때 만나는 희화화된 모습과도 같습니다. 그것이 우리를 조롱하고 있습니다. 그리고 우리를 향해 웃는 것은 우리의 정신입니다. 우리는 그것을 바라보면서 이렇게 말합니다. "저게 바로 우리야? 저것이 정말 우리라니 믿을 수가 없어." 이런 비슷한 말들을 합니다.

매우 영국적입니다. 그는 환자를 인용하기 시작합니다. 이것이 진짜 환자입니까? 누가 알겠습니까? 그가 지어낸 것입니까? 그것은 임상의 일부입니까? 우리는 이것들을 어떻게 평가할지 알 수 없습니다. 하지만, 그것이 무엇이건 간에 그것은 정신적 현실의 일부입니다. 어쨌든 이 독백에서 그는 환자의 말을 인용합니다. 그리고 그는 이 사례 안에 있는 특정한 정신증적 사고에 관심을 기울입니다. 그것이 우리가 초점을 맞출 부분입니다. 우리는 정신증적 사고의 특정 측면에 대해 초점을 맞추고자 합니다. 정신증에 관해서는 많은 것들을 이야기해야 하지만, 여기에서는 그것을 다루지 않겠습니다. 우리는 정신증의 풍부한 부분에 대해 다룰 것입니다. 비온은 종종 제가 정신증의 '곤충적' 특징이라고 부르는 것에 초점을 맞춥니다. 뭔가 경직되어 있고, 외부의 껍질이 있는 갑각류 같은 것입니다. 그것은 매우 한정된 내부를 가지고 있는 어떤 것입니다.

환자는 "당신이 알고 싶다면, 말해드리지요"하며 비밀을 털어놓습니다. "어젯밤 아주 재미있는 저녁을 보내고 있었어요. 사람들은 담배를 태우고 있었고, 지적인 대화가 오가는 친밀한 분위기였어요. 그런데" … 환자는 갑자기 성난 목소리로 "웨이트리스가 커피를 반잔만 가져왔고, 그것이 모든 것을 끝장냈어요"라고 말했다. 그는 목소리를 낮추어 "그 후에는 아무것도 할 수 없었습니다"라고 거의 속삭이듯이 말했다. "그것 때문에 끝장이 났습니다."

이것이 비온의 전형적인 사례 이야기입니다. 그것이 무슨 이야기를 하고 있습니까? 그것은 좋음에서 나쁨으로 바뀌는 경험의 미묘한 변화에 대해 말하고 있습니다. 아, 좋은 저녁, 분위기 좋은 데서 사람들이 즐기고 있습니다. 그리고 무슨 일이 일어납니까? 웨이트리스는 커피를 반잔만 갖다 줍니다. 그것이 모든 것을 끝장냈습니다. 갑자기 좋음에서 나쁨으로 바뀝니다. 매우 전형적인 정신증적 사고입니다. 망쳐놓기가 작용합니다. 좋음은 지속되지 못하고, 나쁨이 망쳐 놓습니다.

보시다시피 치료자는 이길 수가 없습니다. 치료자는, 위니캇의 말을 빌리자면, 충분히 좋은 커피 반잔을 제공 합니다. 반잔이지만 괜찮습니다. 치료자는 충분히 좋은 생각 혹은 느낌을 제공합니다. 그러나 정신증 환자에게는 그것이 충분히 좋지 못합니다. 왜냐하면 전부가 아니기 때문입니다. 치료자는 전부를 제공하지 못했습니다. 그리고 진실은 어떤 엄청난 기적이 일어나서 치료자가 전부를 제공한다고 해도, 그 역시 충분히 좋지 못할 것입니다.

제가 '자연적 회복 리듬'이라 부르는 것이 손상을 입었고, 상실되었습니다. 조금 전에 묘사했듯이, 아기는 자연스럽게 죽었다가 살아납니다. 위니캇은 임상을 다루는 성숙한 글에서 회기를 이렇게 이해합니다. 뭔가가 잘못되고 치료자가 뭔가를 잘못한 것으로 간주됩니다. 거기에 붕괴가 일어납니다. 일종의 일시적 붕괴가 일어납니다. 그리고 일들이 잘 진행되면 다시 괜찮아질 것이고, 일종의 자연스러운 회복이 발생할 것입니다. 그러므로 위니캇에게 회기는 붕괴와 회복 사이의 리듬을 즐기는 것이 됩니다. 그리고 여기서 비온은 이 리듬이 고장 난 것을 묘사하고 있습니다. 붕괴만 있을 뿐 붕괴에서 회복할 수 있는 능력은 없습니다. 사라졌다 다시 나타날 수 있는 능력, 붕괴했다가 다시 완전해질 수 있는 능력이 빠져 있습니다. 그 능력은 손상을 입었습니다. 고장 났습니다.

여기서 환자는 타격을 입습니다. 뭔가가 잘못되었습니다. 뭔가가 잘못되고, 그는 침몰하고, 회복은 불가능합니다. 어제 저녁 숙소에 가서 이와 비슷한 것을 겪었습니다. 제 아들과 아내는 여행을 했습니다. 좋습니다. 어제 세미나 이후에 헬스장에 갔습니다. 역시 좋습니다. 운동을 하니 기분이 좋았습니다. 그리고 아내한테 전화가 왔는데, 전철역에 있는 줄 알았습니다. 역에서 기차표를 사고 있다고 말하는 줄 알았고, 그 후에 아들과 저녁을 먹으러 간다고 했습니다. 좋습니다. 저는 좋은 저녁을 보내고 있었고, 한두 시간이 지났습니다. 한두 시간 뒤에 그들은 방으로 돌아왔는데, 알고 보니까 그들은 호텔에서 전화를 했던 것이었습니다. 그리고 둘이 하루 종일 같이 여행을 했고, 저를 빼놓고 자기들끼리 호텔에서 저녁을 먹었던 것입니다. 그들은 "우리 지금 호텔인데, 같이 먹으러 갈래?"라고 말하지 않았습니다. 아내는 마음속으로 내가 이미 저녁을 먹었다고 단정했고, 내가 저녁 먹으러 가고 싶지 않을 거라고 생각했던 것입니다. 그리고 제가 저녁을 먹은 것도 사실이었습니다. 그녀는 머릿속에 이렇게 그리고 있었습니다. 부정적인 것이 그녀에게서 있었는지, 저에게 있었는지, 두 사람 모두에게 있었는지, 알 수 없습니다. 그리고 저는 사례속의 남자처럼 상처를 받았습니다. 그들은 하루 종일 저를 보지 못했는데, 호텔에서 밥을 먹으면서 같이 가자는 말도 안 하다니.

그 이전까지는 기분이 좋았습니다. 그 이전까지는 멀쩡했습니다. 그리고 그들이 저녁 먹고 돌아왔을 때 좋아 보였습니다. 그들은 행복한 하루를 보냈습니다. 멋진 여행이었습니다. 아들은 매우 수다스러웠습니다. 그의 말을 듣고 있는 것이 좋았습니다. 아내도 자신의 경험에 대해서 말하고 있었지만, 제 마음속은 아팠습니다. 한편으로는 그들이 오늘 하루 즐거웠던 일을 이것저것 보여주고 있었고, 저도 기뻤습니다. 진짜였습니다. 저도 참여하고 있었습니다. 그러나 저녁에 나를 포함시키지 않는 것에 대해 한 부분이 상처를 받았습니다. 그래서 내면에는 저녁을 망쳐버릴 위기에 처했습니다.

그래서 문제는 어떻게 하면 저녁을 망치지 않고 혹은 피해를 최소화하면서, 제 상처받은 느낌을 전달할 것인가가 되었습니다. 그리고 아내는 자신을 응시하고 있는 저를 보고 무엇이 일어나고 있는지를 정확히 알았습니다. 저는 한 마디도 꺼낼 필요가 없었습니다. 그녀가 보았습니다. 그녀는 말하기를 "당신 상처 받았군요." 저는 대답했습니다. "어. 상처 받았어." 그리고 아픔은 그렇게 빨리 사라지지 않았습니다. 사라지는 데 몇 시간이 걸렸습니다. 아들이 자기 방으로 돌아가고 우리가 함께 풀어낼 때까지, 혹은 다른 수준의 느낌에 도달할 때까지 사라지지 않았습니다. 회복 시간 또는 회복 주기는 즉각적이지 않았습니다. 얼마만큼 손상을 입었는지 알 수 없습니다. 손상이라는 것이 정말 있었는지, 또는 최소 혹은 중간 수준의 것이었는지, 아니면 중상이었는지 알지 못합니다. 그러나 분명한 것은 손상을 입을 수 있는 상황이었다는 것입니다. 그리고 회복하는 데 한 시간 반 정도 걸리기는 했지만, 아마도 제가 젊었을 때는 훨씬 더 오래 걸렸을 것입니다.

이제 아내와 저는, 그녀는 그녀대로 겪고 저는 저대로 겪으면서 회복이 가능하다는 것을 알았습니다. 그것은 우리가 함께 한 몇 십 년의 세월에서 배운 사실입니다. 우리 스스로 회복하는 법을 배웠습니다. 30년 정도 함께 한 것 같습니다. 초기에는 더욱 어려웠습니다. 그녀는 헤어지겠다고 작정하고 시간이 흘러 내가 헤어지자고 할 때까지 있어보기로 결심했는데, 그 일은 일어나지 않았습니다. 이 시간 동안 우리가 배운 한 가지는 처음에는 그런 회복의 능력이 없었다는 것입니다. 그리고 우리는 서로로부터 그리고 자신으로부터 회복할 수 있는 능력을 발달시켜야 했습니다. 특히 자녀가 있으면 그것을 배우는 데 더 오래 걸립니다. 그것은 상황을 더욱 긴박하게 만들기 때문입니다. 거기에는 항상 혼란과 불균형이 있습니다. 이 사례의 경우, 비온은 이 남자가 스스로 회복할 수 없다고 말합니다. 자신으로부터 혹은 다른 사람으로부터 회복할 수 있는 능력이 없습니다. 회복은 불가능하다고 말합니다.

적이도 환자가 한 말에 따르면, 회복은 불가능 합니다. 그가 말하기를, "끝장이 났습니다." 지금 저는 제가 여기서 한 말들을 전부 기억하지는 못하지만, 여기에는 친밀함의 느낌, 정신증 환자에게서 찾아볼 수 있는, 묘한 친밀함의 느낌이 있습니다. 제가 20대에 처음 정신증 환자들과 함께 일하기 시작했던 때가 생각이 납니다. 가령 정신병동에 있으면, 누군가 다가와서 "불 있어요? 담배 있어요?"라고 말을 겁니다. 그리고 그는 마치 진실을 말하듯 이야기합니다. "저 여기서 나갈 수 있게 도와주세요. 저는 제정신이거든요. 나갈 수 있게 도와주세요." 그때 저에게 그 말은 매우 친밀하게 들렸습니다. 분명히 그의 말에는 이상한 것이 있었지만, 아니 없었을지도 모릅니다. 그러나 그의 말은 정말로 친밀하게 들렸습니다. 특히 그가 제가 담당하고 있는 환자일 경우에는, 그와 친밀하게 이야기를 하고 저는 어린 시절의 과대망상에 빠져 '오! 우리 사이에 뭔가 일어나고 있구나. 우리 사이가 친밀해지고 있구나'라고 생각했습니다. 그리고는 그가 모든 사람들에게 그렇게 이야기한다는 것을 깨달았습니다. 그는 모든 이들에게 그런 식으로 이야기했습니다.

역시 젊은 시절인 20대에 그것과 비슷한 어떤 것을 느꼈습니다. 처음으로 노숙자가 소위 그때는 부랑자라고 불렸던 사람이 처음으로 저에게 접근했습니다. 한 명이 매우 친밀한 방식으로 다가왔습니다. 그는 햄버거 살 돈이 필요했습니다. 그래서 근처에 있는 햄버거 가게에 가서 그를 앉혀놓고, 햄버거를 주문하고 계산대에 돈을 놓고 나왔습니다. 그리고 5분 후에 그가 다시 거리에서 지나가는 사람들에게 돈과 음식을 구걸하는 것을 보았습니다. 저는 그에게 "방금 햄버거 사드렸잖아요. 어떻게 된 거에요?"라고 묻자 그는 "팁 줄 돈이 없어서 그냥 나왔어요"라고 대답했습니다.

길거리와 정신병원의 경험을 통해서 특정 톤의 친밀함은 뭔가 이상하다는 신호라는 것을 알게 되었고, 그것이 뭔지 잘 모르기 때문에 판단을 보류하고 지켜봐야 한다는 것을 알았습니다.

　　그리고 제가 말했듯이, 비온의 사례에 등장하는 그 사람의 이야기는 전형적인 것입니다. 여기서 중요한 것은 삶이 켜졌다가 꺼진다는 것입니다. 그것은 마치 스위치와 같습니다. 그는 친밀하고 자신감 있게 시작을 합니다. '오 아주 좋은 시간을 보내고 있어요!' 클라인의 용어로 우리는 좋은 가슴에서 시작했습니다. 뭔가 영양분이 공급되고 있습니다. 저는 좋은 저녁을 보내고 있었고, 뭔가 영양분이 공급되고 있었습니다. 삶은 좋았습니다. 모든 것이 좋았습니다. 그러나 정신증적 방식에서는 언제나 재앙이 뒤따릅니다. 그것은 짧은 시간 안에 회복할 수 없는 재앙입니다. 끝장이 난 것 같습니다. 정신증에서 재앙은 영구적인 것으로 보입니다. 저는 어제 침몰하거나 혹은 침몰할 위험에 처했었습니다. 그러나 저는 그것이 끝이 아니라는 것을 알았습니다. 그것이 일시적이라는 것을 알만큼 살아왔습니다. 그러나 정신증 환자에게 그것은 지금부터 영원까지입니다. 그것은 아기에게도 그렇게 경험됩니다. 시간이라는 제한이 없습니다. 영원합니다. 희망도 영원하고 재앙도 영원합니다.

　　영양분은 언제나 손상을 입었습니다. 비온의 이론과 임상사례의 테마는 언제나 손상된 양분입니다. 한편으로는 이 그림, 이 임상 상황은 위니캇이 정상이라고 말하는 것의 반대입니다. 위니캇에게 있어서 삶은 꺼졌다가 다시 켜집니다. 비온이 말하려는 이 정신증적 방식에서는 삶이 켜졌다가 다시 꺼집니다.

이 꺼짐 현상은 갑작스럽고 예기치 못한 사건 때문에 일어납니다. 어젯밤 저에게 있었던 것과 같은 오해가 종종 발생합니다. 저는 아내와 아들이 호텔에 있었는지 전혀 몰랐습니다. 그리고 아내는 제가 그것을 모른다는 사실을 웬일인지 전혀 몰랐습니다. 그래서 마치 갑작스럽고 예기치 못한 사건이 되었습니다. 그녀는 제가 경험한 것을 예기치 못했고, 저도 그녀의 현실을 예기치 못했습니다. 그것은 갑작스럽고 예기치 못한 것입니다. 비온의 모든 사례가 이렇습니다. 뭔가 좋은 것이 있고, 갑작스럽고 예기치 못한 사건이 일어납니다. 그것은 마치 펀칭 쥬디 쇼와 같습니다. 펀칭 쥬디가 처음에는 '안녕, 안녕'이라고 말하다가 갑자기 '퍽' 하고 얻어맞고, 모든 것이 바뀝니다.

웨이트리스는 반잔의 커피를 가져옵니다. 어떻게 그럴 수가 있어! 어떻게 감히 그럴 수가! 환자가 생각했던 것처럼 그녀는 사악한 의도를 지녔던 것일까요? 아니면 그녀는 단지 부주의하고, 무관심하고, 배려 없고, 센스가 없었던 것일까요? 그녀가 못된 사람이던 부주의했던 간에, 분명한 것은 그녀가 충분히 관심을 기울이지 않았다는 사실입니다. 우리의 정신분석적 귀는 상처 입은 영양공급자의 메아리를 듣습니다. 그것이 비록 정신증 환자의 환상일지라도, 우리는 그의 웨이트리스 안에 담겨 있는 상처 입은 영양공급자에 대한 이야기를 들을 수 있습니다. 성격을 형성하는 데 필요한 양분을 주는 사람에 대한 이야기가 들립니다. 그는 상처 입은 영양공급자에게서 손상된 영양분을 먹고 자랐던 것입니다.

이것은 클라인과 위니캇의 이야기와는 살짝 다른 뉘앙스를 갖고 있습니다. 클라인과 위니캇을 배제하지는 않지만, 그것은 약간 다릅니다. 아기인 환자는 상처를 먹고 자랐습니다. 아기인 환자는 상처를 먹고 그의 정신과 정신신체적 존재를 형성했습니다.

물론 상처 입은 영양공급자는 치료자 또는 분석가입니다. 필연적으로 치료자는 상처 입은 영양공급자입니다. 그리고 이 사례는 또한 치료자가 모든 것을 망친다는 것을 보여줍니다. 실은 치료자의 성격이 진정 좋은 상황을 지속시키지 못하고 항상 망쳐놓고 있습니다.

상처와 영양이 혼합된 경우는 비온의 많은 사례들에 담겨있습니다. 오늘 그 주제를 다루지는 않겠지만, 맛보기로 몇몇 작은 사례들을 언급하면 다음과 같습니다. 한 환자가 좋은 점심을 먹고 있었습니다. 역시 좋은 젖가슴, 좋은 식사, 좋은 영양분입니다. 그런데 갑자기 알 수 없는 맥주잔이 얼굴에 날아들었습니다. 다른 사례에서, 비온은 환자가 아이스크림을 원하지만, 그 환자에게는 달콤한 것은 무엇이던지 간에 끊이지 않는 비명의 일부가 된다는 것으로 드러납니다. 아이스크림의 환희는 박탈의 비명이 됩니다. 그리고 환자가 차가운 침묵 속에서 죽어 가는데, 거기에는 비명이 없습니다. 다른 사례에서, 환자의 엄마는 공급을 끊으며 더 이상 치료비를 내려 하지 않습니다. 그래서 그는 분석의 정신적이고 정서적인 양식은커녕 식료품을 살 돈조차 없습니다. 이 모든 것들은 잠재적 영양분 또는 뭔가 달콤한 것 또는 엄마와 관련이 있습니다. 그런데 뭔가가 잘못되고, 공급이 끊기고, 삶이 끊기고, 삶이 꺼집니다. 그리고 우리가 다루었던 사례에서도 컵은 반이 채워진 것이 아니라 반이 비어 있었습니다. 정신증적 사고에서 중요한 점은, 절반이 비었다는 것은 완전히 빈 것과 같은 것이라는 사실입니다.

꽉 차지 않았다는 것은 완전히 비었다는 것과 같으며, 아무것도 없는 것보다도 못합니다. 왜냐하면 그것은 단지 아무것도 없는 것이 아니기 때문입니다. 아무것도 없는 것은 오히려 쉽고 괜찮습니다. 그러나 그 아무것도 아님 안에는 분노와 악의로 가득차 있습니다. 그것은 절망적으로 모욕적인 아무것도 없음입니다. 환자는 모욕감을 느낍니다. 그리고 모욕은 순간적으로 절망으로 빠져듭니다. 그는 단지 모욕감을 느끼는 것이 아니라 절망합니다. 프로이트의 꿈 사례에도 이와 비슷한 예들이 있는데, 그들은 계속해서 자아에 타격을 받고, 야망에 손상을 입고, 자기 모욕을 겪습니다. 프로이트는 그것을 상처받은 반응이라고 묘사했습니다. 그리고 정신증적 사고 안에서 그것은 암흑의 겨울 같은 더욱 철저한 절망으로 기록됩니다.

인지된 모욕은 공격과 같은 것이고, 공격은 황폐한 상태와 같은 것입니다. 경험은 부정적인 방향으로 무한히 확장됩니다. 완전하지 못한 것은 없는 것보다도 못합니다. 그리고 없음보다도 못한 것은 그냥 없음보다 무한대로 나쁩니다.

반쯤 채워진 컵의 사례는 종말, 완전한 종말의 느낌을 전달합니다. 특정 형태의 정신분열증과 우울증의 경험은 완전한 종말의 느낌입니다. 정신증에서 개인은 자신이 치명적인 실수를 저질렀거나, 참된 길을 걸을 용기가 없었거나, 악마와 계약을 맺었다고 느끼기 때문에, 그는 영원히 저주 받았다고 느낍니다. 변화는 불가능하지만, 구원에 대한 갈망은 사라지지 않습니다. 절망과 구원은 묘하게 서로에게 끌리며 짝을 이룹니다.

절망 경험 수준에 있는 정신증 환자의 어조는 히스테리와 공황에 의해 물들어 있는 동시에 매우 심각하고 조롱적입니다. 이것은 비온의 사례에서도 마찬가지로 검거나 약간 옅은 색조를 띠고 있습니다. 저는 그 조롱과 반복되는 저주에 대한 경멸을 듣는다고 생각합니다. 그러나 그 문장에는 유머도 들어 있습니다. 그것은 비온의 어조일까요? 환자의 거만한 태도일까요? 그는 무엇을 재앙이라고 말하고 있을까요? 비온의 사례는 항상 재앙적인 충격을 담고 있습니다. 그것은 성격의 초기 형성 단계에서 겪는 재앙입니다. 여기서 성격이 처음 형성되는 단계에서 발생하는 손상을 그린다는 점에서 그는 위니캇과 비슷합니다. 성격이 처음 형성되는 단계에서 겪는 그것은 재앙적인 충격, 빅뱅, 충돌, 폭발입니다. 절반만 채워졌기 때문에 잘못된 컵, 혹은 젖가슴, 혹은 식사는 영양 공급이 단순히 나빴거나 실패했다는 것보다 훨씬 더 심각한 어떤 것을 암시합니다. 부분적으로 뭔가가 빠져있다는 것을 암시합니다. 영양분을 공급하고 상처를 주면서도 거기에 있어야 할 삶의 능력 가운데 뭔가가 빠져있다는 것을 말해줍니다. 이것은 최선의 상황에서도 그렇고, 나쁜 상황에서는 더더욱 그렇습니다.

환자는 계속되는 자신의 존재의 재앙, 또는 삶의 재앙에 대해 보고하고 있습니다. 재난에 대한 감각이 그를 둘러싸고 단단한 울타리를 만들었고, 그를 틀에 가두었으며, 바깥은 발견할 수 없게 만들었습니다. 우리가 이야기하는 비온의 환자는 이 손상시키는 재앙 바깥에서는 살아갈 수가 없는 사람입니다.

우리는 환자가 보고하고, 묘사하고, 표현하고, 보여주려고 하지만, 그것이 반드시 의사소통은 아닐 수 있다는 이야기까지 했습니다. 그는 이를 반복하고 또 반복하기 때문에 의사소통이 아닙니다. 그는 집요합니다. 강박적입니다. 이것이 정신증적 사고의 한 측면입니다. 그것은 강박적입니다. 히스테리적인 감정과 강박적 사고입니다. 그것은 분열성적 차원이 있습니다. 집요합니다. 그것은 의사소통처럼 들릴 수 있습니다. 물론 모든 것에는 긍정적인 면과 부정적인 면이 있습니다. 융 심리학에는 좋은 점들이 많이 있습니다. 그것들 중의 하나는 그들이 정신증 환자가 그의 놀라운 이미지들을 사용해서 의사소통을 하고 있다고 생각하는 것입니다. 그러나 비온은 그가 아무런 의미를 전달하고 있지 않다고 말합니다. 그는 단지 그가 재앙의 상태에 있다는 것을 보여주고 있을 뿐입니다. 그래서 융 학파의 학자는 하나의 이미지, 또는 원형적 이미지를 가지고 그것을 진전의 표시로 분석할 수 있을 것입니다. 그러나 사실 정신증 환자가 반복해서 말하고 있는 것은 "대재앙이 진행 중임. 대재앙 진행 중임. 나는 재앙이에요. 삶은 재앙이에요"입니다. 그것은 강박적이기 때문에 "도와주세요!"와 같은 의사사통이 아닙니다. 그것은 계속됩니다. 그것은 마치 아무런 접촉도 발생하지 않은 채 계속해서 깜박이는 메시지와도 같습니다.

정신증 환자는 반복해서 "제 내면은 재앙에 빠져 있다. 그러나 나는 그것을 처리할 수 없다. 나의 내면은 재앙적이다. 그러나 그 재앙을 처리할 수가 없다"는 사실을 보여주고 있습니다.

그것은 마치 정신증에서 정신이 스스로를 비워내는 것과도 같습니다. 이 모든 이미지가 또는 이 모든 불꽃들이 사라지면, 죽음 같은 것이 남을까요? 그것이 어떤 형태를 취할지는 아무도 모릅니다. 그것은 마치 정신이 스스로를 없애려고 애쓰는 것과 같습니다. 그것은 스스로를 비워내고 있습니다. 그것은 스스로에게 너무 벅찹니다. 정신을 갖는 것 자체가 너무 고통스럽습니다. 정신적 존재가 된다는 것이 너무 고통스럽습니다. 그것은 너무나 큰 재앙이며, 그 사람 안에는 그것을 다룰 수 있는 것이 아무것도 없습니다.

일반적으로 비온의 환자들은 영원히 반잔의 커피만 제공받고 있었으며 그것에 대해 절망적이라고 느끼고 있습니다. 계속해서 커피 반잔만을 받고 있으면서 계속해서 아무것도 없는 것보다 못한 상태를 경험하고 있습니다.

저는 개인적으로, 저의 존재는, 내면의 재앙과 외부의 재앙 사이에 아무런 차이가 있다고 믿지 않습니다. 이라크에서 일어나고 있는 것이나 팔레스타인에서 일어나고 있는 것은 외부의 재앙일 뿐입니다. 그것은 내면과 재앙과 다르지 않습니다. 이는 모두 인간의 거대한 재앙의 일부이며, 우리가 스스로 자초한 것이며, 우리가 겪는 것들을 처리하지 못하는 무능력 때문에 일어나고 있는 것입니다.

비온은 때때로 내면의 충격을 느끼기 위해서는 외부에 매우 끔찍한 일이 벌어져야 한다고 느낍니다.

어쨌든 이 모든 것은 실제의 재앙에 대한 메시지를 들려주고 있습니다. 그것은 영혼, 자기, 혹은 세계의 파괴만큼이나 엄청난 재앙입니다. 그것은 현재 진행되고 있는 묵시록입니다. 그것은 영원한 묵시록입니다. 그것이 기본적인 정신증적 상태입니다. 그것은 마치 인격이 죽고 나서 미라가 되어, 재앙적공포의 껍질에 쌓여서 돌아오는 것과도 같습니다. 그런 재앙에 대해 계속 보고를 할 수 정도로 약간은 살아있지만, 그 이상은 할 수 있는 것이 없는 상태입니다.

　　정신증적 언어는 진행 중인 조난신호와 같습니다. 조난신호를 알고 계십니까? 마치 재앙이 진행 중이라고 말하는 조난신호 말입니다. 진행 중인 재앙과 함께 살아가기 위해서 저는 갑각류 혹은 곤충 혹은 껍데기가 단단한 생물이 되었습니다. 그리고 제가 그렇게 변한 것도 재앙의 일부입니다. 그러나 경험은 아직 어딘가가 민감합니다. 사고가 났어도 블랙박스는 계속해서 신호를 보냅니다. 절반이 비어있는 컵 이야기, 상처 입고 반응할 수 없는 감수성에 대한 이야기가 바로 그런 것입니다. 환자는 감수성의 드라마를 보고하지만, 그것을 견뎌낼 능력이 없습니다. 감수성이 상처를 받고 있지만, 그것을 견뎌낼 수 없습니다. 그는 상처와 상처를 준 사람을 가리키며, "네가 한 짓을 봐! 나에게 한 짓을 봐!" 그리고 멈춥니다. 그가 "끝장이 났다"라고 말할 때 그는 회복의 가능성을 닫아버리는 종말의 느낌뿐만 아니라 삶으로부터 회복할 수 있는 가능성도 닫아버리고 있습니다. 삶은 언제까지나 회복할 수 없는 재앙으로 남을 것입니다.

　　그는 닫아버림의 순간을 계속해서 반복합니다. 그 순간은 영원히 계속되는 순간이며, 완전한 종말입니다. 치료는 부분적으로 보고하는 것에서부터 증인이 되는 것으로의 이동을 포함합니다. 정신증 환자는 그의 뉴스를 보고하고 있습니다. "재앙이 진행 중임, 분석가도 재앙임." 모든 것이 그를 통해 보고됩니다. 그는 보고되는 것의 증인이 되지 못합니다. 그는 스크린 위에 반짝이는 보고일 뿐입니다. 치료자는 그것의 증인이 되기 위하여 성장해야 하고, 그것을 위해 공간을 마련하고, 문맥을 제공하고, 부처와 같은 큰 귀로 들으면서, 세상 안에 그것이 있을 자리를 마련해야 합니다. 정신증 환자의 절반 밖에 채워지지 않는 컵의 사례는 일어나지 않은 것들에 대한 감정이 그들 환자에게 얼마나 중요한 것인지를 깨닫게 해줍니다. 감정들은 받아들여지지 않고, 고통을 받지 않고, 처리되지 않고, 소화되지 않습니다. 대신에 그것들은 반복해서 밖으로 토해집니다. 치료자는 보고를 하지 않습니다. 치료자는 그 충격을 견뎌낼 수 있는 사람이고, 그 충격을 흡수하는 사람입니다. 물론 이것은 그가 견딜 수 있는 만큼에 한합니다. 치료자는 회기 안에서 잠이 들기도 합니다. 다른 생각을 합니다. 회기 안에서 살아남기 위해서 필요한 것들은 해야 합니다. 그러나 이와 더불어 조금씩 시간을 두고 이 사람이 누군가에 대해 충격을 느끼게 되고, 그의 진실을 알게 됩니다. 그 사람이 하지 못하는 방식으로 그것을 느끼고, 그것에 대한 증인이 되기 시작합니다. 그는 그것을 스스로 처리하지 못하기 때문에 치료자는 일종의 보조 재앙처리 장치가 됩니다. 그런데, 이때 우리의 감정은 중요한 역할을 할까요? 비온의 절반 채워진 컵의 사례는 설령 우리가 그것에 접근할 수 없다고 해도, 그것이 얼마나 중요한 것인지를 보여주고 있습니다.

청중과의 대화

통역자: 여기에 질문들이 준비되어 있네요. 여러분께서 적어서 주신 질문이 여럿 있는데 그것부터 시작하겠습니다.

질문 1

이것은 코멘트입니다. 어제 오후 내면에서 울리는 이 처절한 절규는 무엇인가? 혹시 엄마를 향한 아기의 절규인가? 생각하고 있을 때, 박사님께서 Scream, scream하시는 것이 비록 잘 알아들을 수는 없었지만, 박사님께서 나의 처절한 절규에 반응을 해주시는 것처럼 느껴졌습니다. 제대로 읽지 못해 무수히 사라져간 아기의 비명을 들을 수 있도록 귀를 열어주시고, 그 아기를 저보다 먼저 안아주신 박사님께 감사의 말씀을 꼭 전하고 싶어요.

응답 1

감사합니다.

질문 2

소리치고 싶지만 소리가 나지 않아 가위 눌리는 꿈을 자주 꾸었습니다. 다행히 분석을 하면서 그 꿈이 사라졌습니다. 하지만 소리 지르고 싶은 상처받은 아이는 계속 가슴에 남게 되나요?

응답 2

네, 그렇습니다. 정신세계가 넓어지면 정신 안에 성장이 일어나고 더욱 정교해지고 흥미로워지고 다양해지고 뉘앙스가 풍부해지면서, 외상은 사라지지 않지만 그것이 차지하는 자리가 좁아집니다. 다른 것들에 흥미가 생깁니다. 위니캇이 중간대상을 묘사하는 것과 비슷합니다. 무의식 어딘가에 남아있지만 의미를 잃어갑니다. 다른 것들이 더 중요한 의미를 갖기 시작합니다. 영향을 계속 미칩니다. 상처 입은 자기는 사라지지 않고 계속 영향을 미칩니다. 앞으로도 상처가 있을 것입니다. 가끔 저는 유아의 상처보다 성인의 상처가 훨씬 심각하다는 생각이 듭니다. 유아기의 상처는 유아를 형성시키고 그들은 보다 자기 회복력과 유연성을 지닙니다. 심장마비를 일으켜 죽을 수도 있지만 유아에게 일어나는 경우는 드뭅니다.

언제부터였는지는 기억이 잘 안 나는데, 아마도 제가 30대나 40대였던 것 같습니다. 그때 저는 제 문제에 대해 이야기하는 것이 지겨워졌습니다. 그것들이 지루해지기 시작했습니다. 그것들이 없어졌다거나 멈추었다거나 그것들이 성격 조직의 틀에 또는 저라는 사람에게 장기적인 영향을 미치지 않았다는 것이 아닙니다. 그것들은 계속 되었습니다. 그러나 그것들은 지루해졌고, 다른 것들에 흥미가 생겼습니다. 지금 살날이 얼마 남지 않은 이 시점에서, 저는 저 자신에게 작별 인사를 하는 것이 더 흥미롭습니다. 그것은 내게 완전히 새로운 경험의 장을 열어주었고, 이제 저는 저 자신에게 작별 인사를 할 수 있게 되었습니다. 이로 인해 제 삶은 크게 달라졌습니다. 새로운 세상이 열리고 있습니다. 삶에서 열리는 영역들은 정말 놀랍습니다. 어렸을 때 제가 가지고 놀던, 양말로 만든 코끼리 인형을 발견했던 일이 기억납니다. 아마 유치원 때 제가 만들었던 것 같습니다. 솜을 넣고 바느질을 해서 만든 그 인형을 저는 많이 사랑했습니다. 그것은 제게 커다란 의미가 있었습니다. 10대가 되어서 그것을 다시 봤을 때, 그것은 텅 비어 있었습니다. 정서적인 색채가 없었습니다. "맙소사! 저게 내가 그토록 사랑하던 것인가?" 우리가 몰두하고 있는 문제들도 이와 같습니다. 우리의 성격은 그것들과 떨어질 줄 모릅니다. 고정되어 있습니다. 한편으로는, 그 문제들이 우리를 형성하고 실제로 영향을 미쳤습니다. 다른 한편으로, 그것들은 우리의 관심을 끌었고, 우리는 그것들에 고착이 되어있습니다. 우리는 그것들에게 에너지를 주었습니다. 색채를 주었습니다. 이는 영원할 필요가 없습니다. 사람은 계속 성장하고 벗어날 수 있습니다.

질문 3

편집분열적 자리, 우울적 자리가 하나의 고통의 방어기제라고 한다면, 환각 또한 고통의 방어기제인가요?

응답 3

짧게 대답하자면 그렇습니다. 어떤 것도 방어기제로 사용될 수 있습니다. 방어기제는 우리의 유연성과 경직성의 일부입니다. 이 방어기제 덕에 우리는 어떠한 조건에서도, 심지어 지옥에서도 살아남을 수 있습니다. 우리는 방어기제를 사용할 수 있기 때문에 육체적으로나 정신적으로 힘든 상황에서도 살아남을 수 있습니다. 방어기제는 또한 경직성을 가지고 있습니다. 그리고 바로 그 때문에 한 상황에서 살아남지만, 다른 상황에서 침몰합니다. 비온의 마지막 책 중 하나인 「미래에 대한 회고록」에서 그것에 대한 예를 들고 있습니다. 그 책은 희곡으로 된 책입니다. 그는 캘리포니아에 살고 있을 때 그 책을 쓸 수 있었습니다. 영국인 또는 인도에서 어린 시절을 보낸 그는 희곡을 쓰기 위해 캘리포니아로 가야만 했습니다. 정신분석에 대해 글을 쓰는 방식은 더 이상 그에게 맞지 않았습니다. 그래서 그는 다른 목소리들, 아마도 자신의 다른 부분들, 정신의 다른 부분들, 능력의 다른 부분들, 우리의 성향의 다른 부분들에 대해 말하는 희곡을 썼습니다. 그것은 3부작으로서 「미래에 대한 회고록」이라는 제목을 갖고 있습니다. 관심이 있으시다면 아마존 혹은 카르낙에서 구입할 수 있을 겁니다. 그것은 놀라운 책입니다. 어쨌든 「미래에 대한 회고록」에서는 티라노사우루스와 스테고사우루스의 예를 들고 있습니다. 스테고사우루스는 특정 조건에 맞춰 최대한으로 자신의 능력을 개발합니다. 그리고 삶은 바뀝니다. 한 상황에서 생존을 가능케 했던 능력이 다른 상황에서는 생존을 불가능하게 만듭니다. 티라노사우루스도 마찬가지입니다. 티라노사우루스는 한 상황에서 생존을 가능하게 하는 능력을 발달했고, 그 상황이 바뀌었을 때 살아남지 못했습니다. 지금까지 우리는 우리의 유연성과 경직성 때문에 어떠한 상황에서도 살아남을 수 있었습니다. 그것이 육체적으로 뿐만 아니라 정신적으로도 우리 자신을 방어할 수 있는 능력이었습니다. 어떤 것도 방어하는 데 사용될 수 있습니다. 그러나 두려운 것은 현대 과학기술이 발달해 가는 방향입니다. 어쩌면 우리는 티라노사우루스와 스테고사우루스처럼 우리의 생존을 불가능하게 할 수 있는 능력을 발달시켰는지 모릅니다. 우리가 개발한 기술들은 우리 뇌의 연장선이라고 할 수 있습니다. 우리는 기술을 이용해서 파괴를 할 수도 있고, 새로운 곳에 생명을 가져올 수도 있습니다. 그곳이 지금 우리가 서 있는 곳입니다.

질문 4

박사님은 부부간의 회복능력을 어떻게 배워나갔는지요?

응답 4

운이 좋았을 뿐입니다. 저는 결혼을 늦게 했습니다. 정확히 몇 살이었는지 기억이 안 나는군요. 생각해보면 알 수 있을 것 같습니다. 마흔 다섯이었습니다. 그 전에도 꽤 오랫동안 아내와 만났다 헤어졌다 반복했습니다. 누가 누구와 더 많이 헤어졌는지는 모르겠습니다. 그런 생활에 질렸습니다. 이런 경험에서 얻어지는 것이 무엇이었습니까? 이 여자 저 여자를 만나보았습니다. 물론 재미는 있었습니다. 「정욕」이라는 책에서 저는 성생활과 문화 속의 욕정에 관한 이야기를 썼습니다. 제 인생에 언제 일어났는지는 모르겠습니다. 아마 충분히 나이를 먹었을 때 시간이 실재한다는 것이 보이기 시작했던 것 같습니다. 그리고 아내는 더 이상 저와 헤어지지 않았습니다. 우리가 만약 함께 할 것이라면, 서로에게 그리고 스스로에게 고통을 가하는 것을 조절할 수 있는 법을 배워야 했습니다. 만약 그렇지 않았으면, 끔찍한 재앙이 일어났을 것입니다. 만약 누군가와 함께 살지 않는다면, 그렇게 살아도 괜찮을 겁니다. 그런 방식으로 살며 이 여자 저 여자 만나면서 놀라운 경험을 할 수도 있을 겁니다. 그러다가 헤어지면 그만이니까요. 그러나 누군가와 함께 살고, 같은 공간을 공유한다면, 그럴 수는 없습니다. 그렇게 하면서 빠져나갈 생각을 하면 안 됩니다. 책임을 져야 합니다. 당신이 고통을 가하면, 상대방 역시 고통을 가하는 것을 깨닫게 됩니다. 아픕니다. 저는 이것을 깨닫는

데 시간이 꽤 걸린 것 같습니다. 결혼 후 처음에는 제가 혼자라는 느낌을 받았습니다. 그것은 특별한 홀로됨의 느낌이었습니다. 몇 년간 생각을 해 보았는데, 그것은 아마도 제가 이제는 혼자가 아닐 것이라는 기대와 관련이 있었던 것 같습니다. '결혼을 했으니 이제 우리는 함께 사는 거야. 우리는 같은 공간을 공유하는 거지. 이제 됐어. 이제는 다시는 혼자라고 느끼지 않을 거야.' 갑자기 '맙소사. 저기에 타자가 있어!' 하고 깨닫습니다. 그 타자는 자신만의 의지와 마음과 삶을 갖고 있습니다. 이것은 자신의 기대를 좌절시키고 혼자라는 느낌을 갖게 할 수 있습니다. 많이 생각 한 후에 드는 생각은 '맙소사! 내가 다른 사람과 산다는 것에 대해 가졌던 기대들이 미친 것이었구나!' 였습니다. 저는 관계를 갖는 것에 대한 기대로 인해 상대방에게 부담을 주고 있었습니다. 저는 제 마음속에서 상대방의 목을 조르고 싶은 저의 충동을 조절하는 법을 배워야 했습니다. 가장 도움이 되었던 중요한 한 가지는 제가 자녀들에게 느꼈던 사랑입니다. 그렇게 많은 사랑을 느껴보기는 그때가 처음이었습니다. 그것이 저를 조금씩 변화시켰습니다. 환자들도 달라 보이기 시작했습니다. 제 자식처럼 보이기 시작했습니다. 그리고 태어나는 모든 인간의 소중함을 느끼기 시작했습니다. 조금씩 저는 사랑의 힘에 의해 변화되었습니다. 여러분도 보다시피, 저는 완벽과는 거리가 멉니다. 여러분에게 털어놓았듯이, 아직 엉망입니다. 그래도 사랑의 힘은 좀 덜 위험합니다. 그것은 단순히 그 사랑의 힘을 조정하고 조절하는 것 이상입니다. 그것은 여러분이 갖고 있을 것이라고 기대하지 않았던 감정으로 변형되는 것입니다.

질문 5

비명을 지르는 것에 여러 가지 형태가 있다고 하셨는데, 행동화도 비명의 한 형태로 볼 수 있는지요. 만약 차이가 있다면 어떤 차이가 있는지요.

응답 5

언제나 그렇습니다. 행동화에는 여러 가지 요소들이 포함되어 있지만, 그 안에는 항상 비명이 있습니다. 어떤 종류입니까? 자신의 직관을 사용해야 합니다. 노트북에 적어보는 훈련을 해보세요. 상대방의 행동화이던 자신의 행동화이던 간에, 그것에 대해 그리고 그것이 가져다주는 느낌들에 대해 명상을 해보세요. 그리고 적어보세요. 당신에게 떠오르는 것들을 느끼고, 상상력 또는 비온이 몽상(reverie)이라고 부른 것을 사용해보세요. 어떤 행동화이던 간에, 그것에 귀를 기울이세요. 자리에 앉아서 침묵을 하고, 그것이 당신 안에 울려 퍼질 수 있는 시간을 허용하고, 노트에 적으세요. 그것은 마치 환각 여행을 떠나는 것과도 같습니다. 경험에 머물러보고, 행동에 머물러보고 나서, 2주 정도 당신의 질문과 행동화에 대해 생각한 것을 노트에 적어보세요. 떠오른 모든 것들을 지켜보면, 흥미로운 것이 얻어질 거라고 저는 확신합니다.

질문 6

분열 이전의 비명에 대한 설명 잘 들었습니다. 그런데 분열 같은 경직된 이원성은 아니다 하더라도 비명을 들어줄 대상을 필요로 한다는 점에서 유연한 이원성은 있다는 생각이 듭니다. 분열과 비명은 이원성의 존재와 부존재로 나누는 것인지요.

응답 6

이 주제는 위니캇이 그의 책 「인간 본성」에서 다루고 있습니다. 하지만 이 물음에 저 나름의 대답을 해보겠습니다. 다른 이유로 또는 같은 이유로, 위니캇과 비온은 클라인의 편집분열적 자리와 우울적 자리 이론을 좋아하지 않았습니다. 비온은 편집분열적 자리 이전에도 보다 형태를 지닌 어떤 정신 상태들이 있다고 생각했습니다. 위니캇은 존재를 초월하는 일차적인 홀로됨의 상태에 대해 말합니다. 그 홀로됨은 알 수 없는, 무한한 타자에 의해 지지받고 있기 때문에 가능한 홀로됨입니다. 그는 자신이 알지 못하는 지지를 받고 있습니다. 그 홀로 있는 자는 홀로 있는 동안에 자신이 알지 못하는 자에 의해 지지를 받고 있습니다. 그는 무한한 지원으로 자신을 지지해주고 있는, 배후 대상을 인지하지 못합니다. 위니캇에 의하면, 아기는 몇 개월간 혹은 그 이상을 어디에서 오는 지도 모르는 알 수 없는 지지를 받습니다. 이제 진실은 그 배경의 지지, 무한한 배경의 지지가 변한다면, 우리의 감정도 변할 수밖에 없다는 것입니다. 그것은 마치 기압계와도 같습니다. 기압계를 보면 그것은 항상 흔들리고 있습니다. 고정되어 있지 않습니다. 진동합니다. 마찬가지로 정서적인 삶은 고정되어 있지 않습니다. 정적이지 않습니다. 날씨처럼 항상 진동합니다.

알려지지 않은 지원이 변할 때, 아기의 느낌도 변합니다. 어떻게 일어났는지도 모르게, 순간의 정신적 대기가 아기의 정서적 세계를 바꾸어놓습니다. 이런 변화에 영향을 주는 요소들로는 배가 고파지거나 추위를 느끼는 것 같은 신체 내적인 문제들과 그 특정 순간에 그와 함께 하는 다른 사람의 질적인 문제입니다. 그에게 다른 사람은 곧 세상입니다. 거기에는 아직 분열이라는 생각이 해당되지 않습니다. 그것은 형태가 없고, 모호합니다. 더 흥미로운 것은 그것이 투과성을 갖고 있다는 것입니다. 그것은 서로간의 정서적 침투성을 갖고 있으며, 마음에서 마음으로, 감정에서 감정으로 직접적이고 순간적으로 전달하는 것이 가능합니다. 거기에는 장벽이 없습니다. 시간이 흐르면서 우리는 장벽을 세웁니다. 소위 세상에서 일어서기 위해 장벽을 세웁니다. 위니캇의 묘사에 의하면, 초기 정신은 분열이 가능할 수 있을 만큼 충분히 공간적으로 발달되지 않은 상태입니다. 멜라니 클라인 이론이 지닌 장점은 이 분열이 상호작용을 한다는 것입니다. 나는 상대방에게 투사를 하고 상대방의 것을 내 안으로 내사를 하기 때문에, 그것은 그렇게 경직된 것이 아닙니다. 서로 주고받는 것입니다. 그러나 위니캇이 말하는 것은, 우리가 분열이라고 부르는 것이 발생하기 전에 이미 서너 개의 다른 영역들이 존재한다는 것입니다. 그가 억압을 분열 이후에 놓는 것은 흥미롭습니다만, 그것은 별개의 이야기입니다. 거기에는 분열 이전에 그리고 분열과 억압 이후에 서너 개의 매우 상호작용을 하는 영역들이 있습니다. 그러나 전혀 다른 이야기 입니다. 우리가 서로를 지지해주거나 지지해주는 데 실패하는 것은 투과성의 문제입니다. 서로 주고받는 그리고 서로의 사이를 오가는 감정의 종류가 문제입니다. 우리의 정신을 먹여주는 환경, 우리가 들이마시는 정신적 공기, 정신적 산소가 문제입니다. 제가 질문에 제대로 대답하지 못했다면, 계속해서 질문하세요. 어쩌면 아홉 번, 열 번, 열한 번, 열두 번 물어보면 충분히 좋은 대답이 나올 수도 있을 것입니다.

한 가지만 더 이야기하겠습니다. 오늘 아침 비명을 꿈꾸고 꿈 비명을 느낄 수 있었던 위니캇의 환자에 관한 이야기입니다. 위니캇은 회기에서 그녀가 이 내면의 사건을 만나고 꿈 비명을 되찾자 노래를 하기 시작했다고 쓰고 있습니다. 그녀는 가수가 되었습니다. 그러므로 우리가 너무 방해를 하지만 않는다면, 변형이 발생할 것이며, 그것을 바라보는 것은 놀라운 일입니다.

The Third Day

셋째 날
(2007년 8월 25일)

　오늘도 자리를 함께해주셔서 감사합니다. 벌써 마지막 날이라 니 믿기지 않네요. 비록 우리가 서로의 언어를 알아듣지는 못하 지만, 여기 한국에서 만난 여러분들과 저 사이에 깊은 유대감, 즉 영혼의 유대감이 느껴집니다. 날이 갈수록 인원수가 줄어드는 것 같습니다만, 오늘까지 오신 분들은 더 많은 것을 얻어 가실 수 있을 것입니다. 몇 명이 비온은 너무 어렵고 언젠가 이해할 날이 오겠지 라고 말씀해주셨습니다. 비온에게 관심이 있으신 분이 계 신다면, 저는 비온의 세미나부터 읽는 것을 추천합니다. 타비스탁 세미나, 이탈리아 세미나, 브라질 세미나 그리고 제가 참석했던 뉴욕 세미나, 상파울로 세미나 등이 있습니다. 제가 가장 좋아하 는 세미나는 세미나 자체 때문이 아니라 후반부에 실린 에세이 때문입니다. 그것들은 브라질 세미나와 다섯 개의 페이퍼와 같은 약간 이상한 제목을 갖고 있습니다. 비온은 캘리포니아에 살면서 브라질을 자주 방문했기 때문에 브라질 세미나 책이 두 세 권이나 있습니다. 그 중 하나의 제목이 브라질 세미나와 다섯 개의 페이퍼일 것입니다. 그것이 제가 제일 좋아하는 것입니다. 그것은 후반부에 있는 페이퍼들 때문입니다. 또 모든 문장 중에 제가 가장 좋아하는 문장이 있습니다. 그 문장은 '나쁜 일을 어떻게든 극복하기'라는 에세이에 들어 있습니다. 그 문장은 '두 사람이 만나면 감정의 폭풍이 일어난다'라는 것입니다. 저는 그 문장이 너무 좋아서 저의 책 제목을 「감정의 폭풍」이라고 지었습니다.

수년 전에 어떤 사람이 시인 로버트 프로스트에게 미국에서 한동안 선풍을 일으켰던 속독에 대해 질문을 했습니다. 사업가들은 속독 덕분에 방대한 분량을 짧은 시간 안에 읽을 수 있었습니다. 대학교에서는 속독에 관한 강의가 개설되었고, 학생들은 그 자료를 읽느라고 부담을 느꼈습니다. 빨리, 빨리, 많이. 이것은 교육을 망치고 있었습니다. 로버트 프로스트는 질문에 대답하기를, 자신은 더 천천히 읽는 방법에 대한 강의를 하고 싶다고 했습니다. 제 느낌은 책 한 권에서 단 하나의 문장을 얻을 수 있다면, 그것이 인생을 바꾸거나, 함께 하거나, 영향을 준다는 것입니다. 어느 한 문장으로 인해 책이 가치가 있다는 생각과 느낌이 든다면, 그 문장을 맛보세요. 저는 20대에 토마스 머튼이 쓴 책에서 한 문장을 만났습니다. 간단한 문장이지만, 그것은 제 삶을 바꾸어 놓았습니다. 그 문장은 '우리 정체성의 비밀은 신성한 하나님의 자비 속에 있다'였습니다. 이 문장은 저를, 제 모든 것을 바꾸어 놓았습니다.

여기 온 이후로 저를 매우 당황스럽게 하는 것이 있었습니다. 여기 오기 전에 저는 한국 분석가가 제게 준 책을 찾으려고 애를 썼습니다. 저는 그 책을 오래 전에 읽었습니다. 분명 어딘가에 있습니다. 제가 둘째 아들에게 읽어보라고 준 것이 거의 확실합니다. 제 둘째 아들은 여기에 없고 자신의 여행을 하고 있습니다. 그에게 주는 대부분의 책들은 방대하게 축적되는 변화무쌍한 그의 서적의 바다에서 상실됩니다. 그 책을 찾지 못했습니다. 제 아들의 방도 찾아보았습니다. 그도 어디에 있는지 몰랐습니다. 이 책에서 감명 깊었던 것은, 제가 잘못 이해했는지도 모르지만, 하나의 단어였습니다. 그 단어는 기억이 나지 않지만 한글이었으며, 특정한 영혼의 병, 영혼의 아픔에 관한 것이었습니다. 특정 영혼의 아픔을 다루는 아름다운 책이었습니다. 이 세미나에 초청받고 나서 그 책을 찾기 시작했고 15년 전 뉴욕의 NPAP 강의 후에 저에게 책을 주었던 그 분석가에 대한 궁금증을 품었습니다. 그는 강연이 끝나고 와서 저에게 말 걸기를 "이 책에 흥미를 느끼실 겁니다." 그것은 한국의 영혼에 관해 영어로 쓴 책이었습니다. 그리고 저는 흥미가 있었습니다. 아름다운 책이었습니다. 그리고 여러 해 동안 가끔씩 생각이 났습니다. 그 남자가 바로 오늘 이 자리에 있는, 이 연구소를 설립한 이재훈 소장입니다. 인터넷에서 그를 찾아보았고, 그에게 편지를 썼지만, 답장이 없었습니다. 그는 "제가 그 책을 쓴 사람이요"라고 말하지 않았습니다. 모든 것을 잊었는데, 제가 여기에 도착해서 대화를 하던 중에 저는 15년 전에, 우리 둘 다 15년 젊었을 때, 저에게 책을 준 사람을 찾았습니다. 왜 그 책이 한글로는 번역이 안 되었는지 이유를 모르겠습니다. 참 당황스럽습니다. 저는 실패했지만 여러분은 혹시 그 이유를 알아낼지 모르겠습니다. 자신이 세운 연구소에 중요한 수업 자료로 쓰이는 것이 보통일 텐데, 그는 그러지 않았습니다. 여하든 제가 이야기를 꺼냈으니 촉진제 역할이 되었으면 합니다. 어쩌면 제가 그를 창피하게 하고 있고, 한글로 번역이 안 된 이유가 따로 있을 지도 모르지만, 여러분이 이 미스터리를 풀어보시기 바랍니다.

저는 이재훈 소장을 너무 당혹스럽게 만들고 싶지는 않습니다. 이 연구소를 설립한 것은 아름다운 일이라고 생각합니다. 여기에 있는 여러분들은 우리 모두가 찾고 있는 것에 대한 훌륭한 구도자들이라고 여겨집니다. 이 연구소는 싸우기를 좋아하는 연구소가 아니라는 것을 느꼈습니다. 물론 모든 연구소들은 다릅니다. 그러나 이 연구소가 지닌 헌신은 진심이라는 것을 느꼈으며, 그래서 마음이 따뜻해졌습니다.

오늘은 약속대로 살인에 관한 이야기를 하겠습니다. 그러나 어제 못한 이야기가 많이 있습니다. 위니캇의 도식에 대한 질문들과 분열이 어떻게 연결되는지에 대한 질문들이 계속해서 나오고 있습니다. 이것은 상당히 추론적인 수준의 생각이고, 저는 이미 오래 전부터 이에 대한 강의는 하지 않고 있습니다. 그러나 다시 짚어보도록 하겠습니다. 다시 조금은 선생님이 되어 위니캇의 기질과 저의 기질에는 맞지 않지만, 위니캇의 연대기 같은 것을 살펴보겠습니다. 특히 위니캇의 초기 이론의 뼈대를 생각해보는 시간을 갖겠습니다. 시간이 허락한다면, 삶의 초기에 관한 이론들도 다루겠습니다. 그러면 좋겠습니다.

저는 제 연구 전체에 걸쳐서 살인에 관해 썼습니다. 위니캇과 비온에게 있어서 이 주제는 매우 중요합니다. 물론 멜라니 클라인에게도 그렇습니다. 「독이든 양분」에도 자살에 관한 에세이가 있으며, 그것은 주로 10대와 20대의 젊은이에게 초점을 맞추고 있습니다. 또한 어린이들이 부모로부터 느끼는 압력에 관한 장도 있습니다. 바쁜 부모, 바쁜 아이들입니다. 저는 「독이든 양분」에서 자살과 관련해서 가족 및 사회의 압력에 대해 다루었습니다.

「감정의 폭풍」에서 저는 저의 꿈과 관련된 자서전적인 글을 썼는데, 살인자와 살인하는 꿈에 대해 다루었습니다. 꿈에는 살인자들이 자주 등장하기 때문입니다. 꿈속에서 여러분은 침범을 당하고, 여러분이 두려워하는 살인을 당합니다. 그것은 기본적인 공포입니다. 그래서 「감정의 폭풍」에서 저의 꿈속 살인자들을 활용해서 글을 썼습니다. 그 책에는 '자신을 죽이고픈 충동'이라는 장이 있습니다. 살인자와 스스로를 살인하고픈 충동에 대해서 쓴 것입니다. 여러분들 중에도 「감정의 폭풍」을 읽어보실 기회를 갖는 분이 계실 것입니다.

「민감한 자기」에는 '기본적 리듬'이라는 장이 있습니다. 어제 말씀드린 기본적인 리듬입니다. 그것은 유일한 기본적 리듬이 아니라 하나의 기본적 리듬입니다. 예전에 미국의 아름다운 서부에서 융학자들에게 강연을 한 적이 있습니다. 저는 비온이 말하는 존재, 시간, 성격마저 파괴하는 힘에 관한 이야기를 하고 있었습니다. 그때 엄청난 힘이 느껴지는 경험을 했습니다. 그것을 한국 말로는 어떻게 부르는지 모르겠습니다. 중국어로는 관옌인데, 그것은 연민의 힘입니다. 제가 도움이 좀 필요하겠군요. 일본에서는 간논이라고 하더군요. 저는 한국에서도 거리와 박물관에서 이 보살을 보았습니다. 관옌, 주로 중국에서 그것에 대해 읽었기 때문에 잘 모르겠군요. 관옌(관음보살)은 동정 말고는 할 수 있는 것이 없습니다. 그것이 그녀의 본성입니다. 그녀의 본성은 동정입니다. 그녀는 당신의 가슴속의 소망들을 들어주는 대가로 무언가를 바라고 있습니다. 혹시 그녀가 대가로 무엇을 바라는지 맞춰볼 분이 계십니까? 그녀가 원하는 것은 감사하다는 인사뿐입니다. 모든 것은 그녀의 선물입니다. 그녀의 영혼과 심장과 마음과 존재의 원칙은 단지 베푸는 것입니다. 베푸는 것 이외에는 할 수 있는 것이 없습니다. 비온은 관음보살과 평행선을 이루고 있는 세력에 대해 이야기합니다. 관음보살은 정신증의 대체이며, 반대이며, 보완입니다. 정신증은 파괴밖에 할 줄 모르는 세력입니다. 파괴할 수 있는 모든 것을 파괴한 후에도 계속 파괴하는 세력입니다. 그것은 파괴를 먹고 자랍니다. 없음을 먹고 자랍니다. 무엇이 있던 없던 간에, 그것을 먹고 자랍니다.

미국의 서부에서 이 이야기를 했을 때, 거기에는 한 훌륭한 영국의 융학자가 있었습니다. 그의 이름은 플라우트였습니다. 잘 알려진 사람이 아니었습니다. 훌륭한 글들을 썼지만, 읽는 사람이 없었습니다. 하지만 그는 놀라운 꽃이었습니다. 지금 그는 죽었습니다. 그는 "그 세력은 유일한(the) 세력이 아니라 하나의(a) 세력입니다. 시간, 공간, 성격 그리고 존재를 파괴한 후에도 계속 파괴하는 그 세력은 유일한 세력이 아니라 하나의 세력입니다"라고 말했습니다. 그래서 저는 비온의 책으로 돌아가서 확인해보았는데, 그의 말이 맞았습니다. 거기에는 유일한 세력인 아니라 하나의 세력이라고 쓰여 있습니다. 이것은 사소한 이야기처럼 들릴 수 있습니다. 그러나 '유일한' 대신에 '하나의'라고 말해보십시오. 우리는 거창한 진술을 하는 경향이 있습니다. '하나의'가 아니라 '유일한'이라고 말합니다. 그것은 여러 요소들 중에 하나입니다. 적합한 여러 요소들 중에 하나입니다. 유일한 그것은 없습니다. 대신에 하나는 여럿이 있습니다. 이것은 매우 중요합니다.

사실은 우리가 이야기 하는 것이 여러 중요한 요소들 중에 하나일 뿐인데, 언어로 인해 우리의 사고가 비뚤어지고 거창한 선언을 하게 됩니다.

오늘 아침 한 가지 일반적인 지적을 하고 싶었는데, 지금 짧게 이야기하겠습니다. 그리고 그 이후에는 제가 하고 싶은 다른 이야기를 하겠습니다. 간단한 것입니다. 위니캇의 이론은 다른 사람을 강조하고 있습니다. 그는 그것을 대상이라고 부릅니다. 좀 낡은 철학적 언어입니다. 물론 저는 그것이 싫습니다. 그것은 서양 철학의 인식론의 잔재인데, 하지만 어쩔 수 없이 그것을 쓰겠습니다. 위니캇이 강조하는 것은 타자가 나를 살아남는 것입니다. 타자가 나의 파괴성에 살아남는 것입니다. 파괴성에 살아남는다는 말의 의미는 완전히 이상적인 방식으로 타자가 손상되지 않고 성격이 온전한 채로 살아남는 것을 말합니다. 우리는 보통 두려워지거나, 잠시 물러났다가 다시 원상태로 돌아오기 때문에, 그렇게 하는 것은 쉽지 않습니다. 저는 환자에게 이렇게 말할 수도 있을 것입니다. "이번 회기에는 당신에게서 잘 살아남지 못한 것 같습니다. 그러나 내일 혹은 다음 주에는 다시 원상태로 돌아올 겁니다. 시간을 약간 준다면 나는 다시 나타날 것입니다." 그러나 위니캇은 대상이 나의 파괴성에서 자발적으로 살아남는 사람의 그림을 그리고 있습니다. 그 대상은 스스로의 자발적인 존재를 간직한 채, 보복하지 않는 방식으로 반응을 합니다. 사람들은 대개 공격성으로 공격성을 맞받아칩니다. 보복을 합니다. 공격이 오랫동안 계속되면, 더 오랫동안 복수를 원합니다. 제가 어린아이였을 때, 아빠에게 화가 나면 "내가 크기만 해봐. 복수하고 말테야. 두고 봐"라고 말했던 것이 생각납니다. 분노는 마음속에 쌓입니다. 보통은 공격성으로 공격성을 맞받아칩니다. 만약 그 상황이 무력한 상황이라면, 미래를 생각합니다. "그래 두고 봐. 너도 당할 날이 올 거야. 그게 죽어서 지옥일지라도 말이야."

이것은 기본적으로 '한쪽 뺨을 때리거든 반대 쪽 뺨을 내밀라'는 기독교적인 사상과 같은 것입니다. 조금 더 상세히 묘사했을 뿐입니다. 위니캇은 감리교도 배경을 가지고 있습니다. 그는 감리교인 가정에서 자랐습니다. 그리고 그는 감리교의 교리뿐만 아니라 정서적 상태도 흡수했습니다. 그것은 그의 개념 안에서 다방면으로 표출됩니다. 생명 불꽃의 성스러움. 그는 그 생명의 불꽃을 발달 단계에서 찾으려고 했습니다. 그래서 그는 다른 사람이 무엇을 하고 있건, 그에 대해 매우 감리교적인 반응을 보이고 있습니다. 종교는 흔히들 생각하는 것보다 그의 사고에서 훨씬 더 큰 역할을 했던 것으로 보입니다. 예를 들어, 그의 위대한 개념 중 하나인 의사소통이 불가능한 핵심이라는 개념이 있습니다. 알 수 없고, 경계가 없고, 무한한 타자에게서 지지 받는 핵심이 존재한다는 것입니다. 그것은 경계 없는 무한한 지지입니다. 우리 존재의 알 수 없는 핵심이라는 생각은 감리교 신앙의 바탕에서 비롯된 것입니다. 그러나 그는 훨씬 더 자세하게 묘사를 합니다. 종교는 종종 우리가 가야 할 곳을 제시해주지만, 때로는 그 곳에 다다르는 방법을 충분히 묘사해주지 않습니다. 심리학으로서의 불교는 아마 그런 방법론에 가장 근접해 있으며, 거의 모든 것을 세세히 다루고 있습니다. 그러나 불교 역시 실제 사람들이 있는 곳에 관한 중요한 사항들은 간과할 것 같습니다. 어떤 사람들에게는 그것이 잘 맞을 수 있습니다. 그러나 모든 것이 그렇듯이, 다른 이들에게는 맞지 않을 수 있습니다. 이준호 군의 통역이 있은 후에 위니캇 영성의 기본 체계에 관해 이야기하겠습니다.

위니캇의 비전 안에서는 발달의 너무 많은 부분이 타자가 우리의 파괴성에 어떻게 반응하는가에 달려있습니다. 그가 아마도 이렇게 말할 것입니다. "이 파괴성은 단지 대상에 대한 공격성이 아닙니다. 단지 내가 너에게 화가 난 것이 아닙니다. 그렇지 않습니다. 그것은 이미 인간적입니다. 너무 협소하고 한정된 것입니다. 나는 너에게 화가 났어. 이것이 아닙니다." 제 생각에는, 위니캇이 이 파괴성에 대한 이야기를 할 때, 그가 정말 말하고 싶었던 것은, 우리가 자연스러운 자발성을 잃지 않고 파괴성에서 살아남을 필요가 있다는 것이었습니다. 이 파괴성은 비온이 이야기하는 모든 것을 파괴한 후에도 계속해서 파괴하고 스스로의 파괴성을 먹고 자라는 파괴성과 부분적으로 일치합니다. 아기들이 울음을 멈추지 못하는 모습에서, 이것을 엿볼 수 있습니다. 당신이 무엇을 하건, 그들은 울음을 멈추지 못합니다. 그들이 왜 우는지는 모릅니다. 신체적인 불편함 때문일까요? 아니면 사탄이라도 보고 있는 걸까요? 그것이 무엇이던, 마치 지금 일어나고 있는 일이 스스로를 재생산하고 있는 것 같습니다. 그것은 그 자체의 가속도를 갖고 있습니다. 멈출 수 없습니다. 산통을 겪었던 아기가 자신의 짜증을 재생산하는 모습에서 이것을 발견할 수 있습니다. 아기는 짜증을 먹고 그 힘으로 다시 짜증을 부리기 때문에 짜증을 멈출 수가 없습니다. 그 모습에서 비온이 말하는 파괴성을 조금 엿볼 수 있습니다. 그리고 제가 느끼기에는 이 거대한 파괴적 세력은 관음보살과 대조를 이룹니다. 관음보살의 세계에서는 타자에 대한 우리의 반응이 모든 것을 판가름하게 됩니다. 우리의 반응의 질이 모든 것을 결정짓습니다. 이것은 인간 삶의 공격성 반응에 대한 매우 심오한 종교적 이해입니다. 물론 실용적이지는 않습니다. 정치적이지도 않습니다. 정상이 아닙니다. 그러나 위니캇은 여기에 모든 것이 달려있다고 말합니다.

방금 온전하고 자발적인 방식으로 다른 이의 공격성에 살아남는 것이 이상적이라고 이야기했습니다만, 저는 그것이 매우 생생한 현상이라는 말을 덧붙이고 싶습니다. 우리가 타자의 부정성에 반응하는 형태들은 다양한 정도의 연속체를 구성하게 됩니다. 그리고 관찰할 수 있듯이, 어떤 사람들은 자연적으로 다른 사람들보다 더 쉽게 그렇게 합니다. 어떤 사람들은 아기의 온 힘을 다한 에너지와 분노에 그다지 위협을 느끼지 않는 것을 볼 수 있습니다. 엄마는 아기가 자신을 해치지 못하게끔 스스로를 방어합니다. '아야'라고 말합니다. 스스로를 지킵니다. 그러나 자연적이고 자발적인 엄마의 태도에 따라 결과는 크게 달라집니다. 위니캇은 또 하나의 비전을 만들어내면서 또 하나의 실험을 합니다. 그는 아기가 태어나는 두 개의 세상에 대해 이야기합니다.

프로이트가 유아에 대한 이야기를 지어냈듯이, 위니캇도 아기에 대한 이야기를 지어냅니다. 하나의 세상에서, 아기는 엄마를 발로 찹니다. 그때 엄마는 누가 자신을 발로 차거나 아프게 하는 것을 좋아하지 않으며, 아기가 자신을 해치지 못하게 하고, 고통으로부터 자신을 지키기 위해 필요한 일을 합니다. 그러나 이것은 다른 방식으로 할 수 있습니다. 한 엄마는 스스로를 보호하면서도, 일종의 기쁨을 느낍니다. 아기가 살아서 발로 차는 것에 기쁨을 느낍니다. 그녀는 아기가 생기로 가득한 것이 좋습니다. 자신이 다치지만 않으면 됩니다. 아기가 발로 차는 본성에 대한 도덕적인 태도는 갖고 있지 않습니다. 아기의 자발성과 아기가 살아있고 건강하고 발로 차는 것에 대해 기쁨을 느끼는 것이 하나의 상황입니다. 다른 상황은 이와 다릅니다. 아기는 엄마의 가슴을 발로 찹니다. 엄마는 아픔에 때문에 움츠려들 뿐만 아니라, 아기에게 도덕적인 태도를 전달합니다. '발차기는 잘못된 거야. 발차기는 나쁜 거야.' 이것은 말이 아니더라도 느낌이나 시선 등의 정서적 분위기를 통해서 전달이 됩니다. 이 반응은 아기에게 바로 전달이 되고, 아기는 살아있는 발차기를 하는 자신의 존재에 대해 악감정을 갖게 됩니다. 한편에서 엄마는 스스로를 보호하면서도 아기의 삶의 느낌을 긍정해주고, 다른 한편에서 엄마는 자신을 보호하는 과정에서 아기가 살아있음에 대한 악감정을 갖게 합니다.

첫 번째 경우, 즉 엄마가 아기의 살아있음에 의해 다치기를 원치는 않지만 아기의 살아있음을 좋아하는 경우, 그녀는 위니캇이 묘사하듯이, 아기의 파괴성에서 살아남아 온전하게 자발적으로 살아있는 인간 존재로서 자신을 유지하고 있습니다. 이 경우, 살아있음이 살아있음에게, 아기의 살아있음이 엄마의 살아있음에게 말을 걸고 있습니다. 소위 존재가 깨어지는 현상은 없습니다. 두 번째 경우, 엄마는 아기의 파괴적인 공격에 반응할 수 없거나 반응하지 않습니다. 그 파괴적인 공격은 무엇입니까? 이 예에서 우리는 종종 파괴적인 공격이 생명의 느낌, 또는 살아있음의 느낌의 일부라는 통찰을 얻을 수 있습니다. 두 살짜리 아기가 물건을 집어 던지며 부수기 시작할 때, 그것은 그의 생명 느낌의 일부입니다. 위니캇에게 그 파괴성은 살아있음의 일부입니다. 우리는 그 아기에게 어떻게 반응합니까? "아주 끔찍해! 나빠!" 혹은 "그러지 마, 하지만 나는 네가 살아있는 게 좋단다." 이 두 가지 반응은 매우 다른 존재의 질을 나타냅니다. 이것은 매우 생생한 사실이며, 우리는 이것을 각자 다양한 방식으로 인식합니다.

저는 여기서 한 걸음 더 나아가 보겠습니다. 첫 번째 엄마는 아마도 완벽하지 않을 것입니다. 그러나 위니캇의 묘사에 따르면, 그녀는 아기가 용서할 수 있는 그런 엄마가 될 것입니다. 그녀는 최선을 다하는 헌신적인 좋은 엄마입니다. 자신을 보호하면서 아기를 보호합니다. 자신의 살아있음을 보호하면서, 아기의 살아있음을 보호합니다. 그녀는 자신이 할 수 있는 데까지 최선을 다하고 있습니다. 그녀는 아는 체 하는 사람이 아닙니다. 그녀는 반응하고, 관심을 갖고 있으며, 단점이 있음에도 불구하고 자신의 한계 안에서 최선을 다합니다. 텔레비전 농구 중계 해설자들이 특정 농구 선수들을 묘사할 때, '그는 자신의 한계 안에서 플레이를 한다'라고 합니다. 이것은 좋은 것입니다. 그것은 그가 무리하게 자신의 능력 밖의 행동을 하지 않는다는 의미입니다. 그는 할 수 없는 것을 하려다가 실수를 범하지 않습니다. 그는 자신이 할 수 있는 일을 하고 있습니다. 첫 번째 엄마는 소위 자신이 가장 잘 할 수 있는 일을 하고 있습니다. 그녀는 할 수 있는 만큼만 합니다. 일종의 겸손함이 있습니다. 그녀 자신의 자기 보호와 아기의 살아있음에 대한 보호가 모두 중요합니다. 그녀는 아기에게서 자신의 불가피한 실패를 용서받을 수 있습니다. 용서의 가능성, 그것은 비언어적으로 행해집니다. 인지적인 것이 아닙니다. 그것은 영혼의 일입니다. 영혼의 느낌입니다. 이 모든 것이 영혼의 느낌과 관련되어 있습니다. 인지하는 것이 아닙니다. 생명의 느낌입니다. 생명은 여러 다른 방식으로 느껴집니다. 위니캇이 말하는 심리치료 그리고 발달에 대한 견해는 아기에게 생명의 느낌이 어떤 것인지, 엄마에게 생명의 느낌이 어떤 것인지를 다루는 것과 관련되어 있습니다. 그리고 삶이 정말 나쁘게 느껴진다면, 세상은 나쁜 세상이 된다는 점에서, 이것은 전 세계적으로 중요한 것이 됩니다. 만약 삶이 살만한 것으로 느껴진다면, 세상은 훨씬 더 좋은 세상이 될 것입니다.

제 기억이 맞는다면, 저는 어린이 치료자로 출발했습니다. 아마도 확실합니다. 그리고 클리닉에서 어린이와 성인 모두를 보았습니다. 저는 장애아동들과 치료를 시작했습니다. 처음에는 정신분열증, 자폐아동, 그리고 몇 명의 행동장애 아동들을 다루었습니다. 그래서 정신분열증과 정신증에 관심을 갖게 된 것 같습니다. 그리고 정확히는 기억이 나지 않지만, 20대 후반에 클리닉에서 일을 시작하면서 성인 환자들도 보기 시작했습니다. 클리닉에서 아동들과 일을 할 때, 왜 제가 계속 신체적으로 다치는지에 대해 의문을 품게 되었습니다. 제가 했던 대로 따라 하는 것을 권하지 않습니다. 당시에 저는 미쳐 있었습니다. 아이들을 너무 풀어줬습니다. 만약 한 아이가 클리닉 차고 위에 올라가고 싶어 하면, 우리는 나무를 타서 차고 위에 올라가서 마치 타잔이 된 것처럼 그 위에서 춤을 추곤 했습니다. 온갖 미친 짓을 다 했습니다. 그러다가 제가 다치곤 했습니다. 소위 항상 제 능력을 벗어나는 일을 했습니다. 결국 몇 년 간 다치는 것을 반복한 후에 제가 무리하고 있다는 것을 깨달았습니다. 저는 회기 안에서도 무리를 했습니다. 환자의 호소에 빠져들었습니다. 환자의 요구에, 상처에, 치유되고 싶다는 호소에 빠져들고는 환자의 모든 요구를 충족시켜 주려고 애썼습니다. 그리고 다쳤습니다. 차츰 저는 조금씩 물러나서 제 한계 안에서 일하는 방법을 배워야만 했습니다. 그리고 저는 신호체계를 개발하기 시작했습니다. 내면의 신호가 느껴졌습니다. '오. 이거 문제가 되겠다. 너는 지금 네가 할 수 있는 한계를 벗어나고 있어. 네가 편하게 할 수 있는 범위를 벗어나고 있어. 그러다가 다친다.' 신체적 상처를 입는 경험을 통해, 저는 무리하는 것과 다치는 것으로부터 스스로를 보호하는 신호체계를 개발하게 되었습니다.

저는 어린이 환자들과 같이 지붕 위에 올라가지 않는 치료자들은 어떻게 하는지 궁금해졌습니다. 모든 아동치료자들이 지붕 위에 올라가지는 않습니다. 제 아내도 환자들과 지붕 위에 올라가지 않습니다. 지금 특별히 생각나는 아이가 있습니다. 두세 명이 머릿속에 떠오르고 있습니다. 저는 그들이 좋았습니다. 그들의 에너지가 좋았습니다. 에너지 차원에서 그들과 미친 짓을 했습니다. 저와 함께 일했던 한 장애아동이 생각납니다. 작고 위축된 소년이었습니다. 저는 그 학교의 선생님 겸 치료자였던 것 같습니다. 그 아이가 큰 애들이 농구하는 것에 마음을 빼앗기고 있다는 것을 알게 되었습니다. 그래서 큰 애들이 농구하는 동안, 그 아이가 코트 위를 자유롭게 거닐도록 허락했습니다. 다른 모든 선생님들이 말하기를 "미친 짓이다. 큰 애들이 짓밟을 것이다. 그는 다칠 것이다." 그는 실제로 코트 위에 올라갔고 큰 애들은 그를 돌보았습니다. 웬일인지 그들은 그에게 반응을 했습니다. 자발적으로 그를 돌보았습니다. 그가 작다는 것을 보고 그와 함께, 그를 피해서, 그에게 맞춰줬습니다. 그러나 주로 그를 그냥 둔 채 자신들의 게임을 했습니다. 1년이 채 지나지 않아 그 아이의 말문이 트였습니다. 그러므로 자신의 충동에 따라야 할지 따르지 말아할지, 그건 모를 일입니다. 그의 에너지를 수용해준 것이 그를 살아나게 한 것 같습니다. 그 행동은 그의 에너지가 좋다는 것을 말해주는 의사소통이었습니다. 그의 에너지는 큰 애들의 것만큼이나 좋은 것이라는 것이었습니다. 이것은 다른 종류의 의사소통이었습니다.

저는 제가 함께 있으면서 계속 다치곤 했던 그 소년들에게 "안 돼, 그건 못 하지만 이것은 할 수 있어. X는 못하지만 Y는 할 수 있어"라고 말하는 법을 배워야만 했습니다. 그리고 점차

저 자신을 보호하게 되면서, 대체물에 대한 긍정적인 느낌을 통합하기 시작했습니다. 대체하는 것은 괜찮습니다. 특히 그것이 비명으로부터 가라앉는 느낌이 자라났던 위니캇의 환자처럼, 내면의 느낌에서 자라나는 것이라면, 더욱 그렇습니다. 그 환자는 이 원초적인 차원을 완전히 경험할 수는 없을 것입니다. 대신 자발적으로 생명의 시냇물을 찾아갈 것입니다. 위니캇은 이 시냇물을 보호하는데 관심을 가졌으며, 우리의 자발적 존재의 발달을 통해 흐르는 이 시냇물이 살아남을 수 있도록, 우리 자신과 다른 이들로부터 살아남을 수 있도록 양분을 공급하는데 관심을 가졌습니다. "안 돼"라고 말할 때 어떤 식으로 말하는가가 중요합니다. 자기 보호의 기능은 매우 중요한 것입니다. 그것은 다른 이의 공격성이나 파괴적 성향 또는 너무 강한 생명 에너지에 잘 반응하는 것과 상반되는 것이 아닙니다. 제가 많은 여자들과 데이트 하던 시절에 느꼈던 것은 좋은 "No"가 나쁜 "Yes"보다 낫다는 것이었습니다. "안 돼"라고 말하면서도 저를 기분 좋게 하는 여성들이 있었습니다. 반대로, 승인하거나 허락하지만, 그다지 기분을 좋게 하지 않는 경우도 있었습니다. 그것은 영에 달려있습니다.

저는 한때 스팟니츠 계열의 치료자인 도로시 블락에게 치료를 받은 적이 있습니다. 그녀는 아직도 살아있을지도 모릅니다. 여자와 단둘이 방안에 있었기 때문에, 저는 그녀를 유혹할 의무감을 느꼈습니다. 그녀가 나와 함께 카우치에 눕도록 말입니다. 그래서 한 동안 도로시를 카우치에 눕히려고 시도했던 때가 있었습니다. 그녀가 어떻게 제 감정을 다치지 않게 하면서 그 상황을 빠져나왔는지는 정말 놀랍습니다. 그 후 수년간 그 일에 대해 생각했습니다. 그녀는 어떻게 해냈을까? 그녀는 항상 나의 유혹에서 빠져 나오면서도 저를 기분 좋게 했습니다. 그것은 기술이었습니다.

정말 하나의 예술이었습니다. 그리고 그것은 위니캇이 말하는 소위 다른 이의 에너지에 반응하는 것과 일치하는 것이었습니다. 만약 그녀가 저와 함께 잠자리를 했다면, 그 결과는 파괴적이었을 것입니다. 리비도가 순수하지 못하면, 그것은 많은 문제를 일으킵니다. 아직도 그녀가 어떻게 해냈는지 모르겠습니다. 그것은 아름다웠습니다. 하나의 예술작품이었습니다. 정신분석이 눈에 보이지 않으면서도 얼마나 우아할 수 있는지를 멋지게 보여주었습니다.

사람들을 치료하는 것은 우리 안에 있는 무언가를 정제할 수 있는 기회와 특권을 줍니다. 저는 그것이 우리의 에너지 때문인지는 잘 모르겠습니다. 저는 우리의 에너지가 순수한 것인지는 잘 모릅니다. 제가 말하고자 하는 것은 그것이 아닙니다. 민감한 뉘앙스, 미묘한 뉘앙스, 나의 감정을 발달시키는 것이 중요합니다. 우리는 릴케가 '보이지 않는 꿀벌'이라고 부른 것이 됩니다. 릴케의 작은 인용문을 읽어드리겠습니다. "뭔가 알 수 없는 것이 생긴다. 육감 이상의 칠감, 팔감, 혹은 십감 같은 것이 발달된다. 특정한 정신적 미각, 또는 삶의 느낌이 정제된다." 릴케의 듀이노의 비가에 나오는 구절입니다. 그는 '우리는 보이지 않는 꿀벌이다. 우리는 미친 듯이 보이는 꿀을 모아, 보이지 않는 거대한 황금의 벌집에 저장한다'라고 노래합니다. 그것은 가끔 재봉선이 보이지 않는, 실밥이 보이지 않는 솔기와도 같습니다. 도로시가 저에게 했던 것처럼, 재봉선이 보이지 않습니다. 그것은 마치 사무라이가 칼을 휘두르는 것과도 같습니다. 물론 그것보다는 부드러웠습니다. 그것은 그녀의 본성에서 나온 것이었고 그녀였기 때문에 가능한 것이었습니다. 저는 여전히 그녀가 어떻게 그 일을 해냈는지 모르겠습니다. 어쨌든 저는 그것을 통해서 다른 사람을 긍정하면서 '안 돼'라고 말하는 법을 배웠습니다.

방금 떠오른 것인데, 제가 사용하는 "안 돼"라는 단어가 거친 남성적인 형태를 띠는 것 같습니다. 도로시 블록은 저에게 "안 돼"라는 단어를 사용한 적이 없습니다. 그녀는 다른 방법으로 그 상황을 빠져 나왔습니다. 그녀는 "안 돼"라는 단어를 사용한 적이 없습니다.

통역자: 조금 전 쉬는 시간에 어떤 분이 아이건 박사님께 드리고 싶다면서 선물을 제게 건네셨습니다. 여러분은 잘 보이지 않겠지만, 관음보살 상 같네요. 본인의 지갑 속에 갖고 다니시던 행운의 부적 같은 것이라고 합니다. 이게 보니까 순금 같아요. 아닌가요? 네, 도금입니다.

감사합니다. 받아도 되는 건지 모르겠습니다. 이것이 저와 당신 그리고 우리 모두에게 행운과 축복을 가져다주었으면 좋겠습니다.

앞에서 이야기했던 두 엄마 중, 첫 번째 엄마에 대해 많은 일상적인 이야기를 했습니다. 보시다시피 위니캇은 이런 추상적인, 또는 이상적인 생각을 가지고 있었습니다. 그것은 매우 실질적으로 적용되는 것입니다. 우리가 타자에게 어떤 질적 요소를 갖고 반응하는지는 일상생활에서 지대한 결과를 가져옵니다. 여러분 중에 매우 힘든 감정을 지닌 환자들을 보는 분들도 있고, 그렇지 않은 분들도 있습니다. 저와 이야기를 나눈 몇 분은 자신들에게는 그렇게 힘든 환자는 없다고 했습니다. 다른 분들은 그런 힘든 환자를 보고 있다고 제게 말했습니다. 섞여있는 것 같습니다. 그렇게 힘든 환자들이 있던 없던, 우리의 반응에 담긴 감정의 성질은 중요합니다. 두 번째 상황에 대해서는 아직 별로 이야기하지 않았습니다. 두 번째 엄마, 도덕적인 엄마, 아기의 발차기 또는 아기의 생명력에 맞아 죽을 것처럼 느꼈던 엄마는 아마도 도덕적인 입장에서 아기를 비난하는 반응을 했을 것입니다. 그때 아기는 움츠러들고, 억제되며, 엄마가 나쁘다고 느끼는 것을 알기 때문에 자신의 생명력을 두려워하게 됩니다. 이 엄마는 제가 보기에 모든 것을 다 아는 체하는, 모든 것을 알고 있는 엄마입니다. 그녀는 삶에 대해 모든 것을 알고 있다고 믿고 있습니다. 그녀는 아기에게 무엇이 좋고 무엇이 나쁜지 알고 있는 것처럼 행동합니다. 이것은 특별한 종류의 전지(全知)입니다. 그녀는 아기에게 무엇이 좋은지 알고 있다고 생각합니다. 그러나 그녀가 아기에게 좋다고 생각했던 것이 결국은 아기에게 해로운 것으로 드러납니다. 그러나 아기는 이것을 모를 수도 있습니다.

오래 전, 적어도 제가 살고 있던 지역에서는, 미국과 소련간의 냉전체제가 세상의 중심적인 관심사였던 때가 있었습니다. 제가 가장 두려워했던 것은 누군가가 자신이 알지 못하는 걸 알고 있다고 착각하고, 핵폭탄 발사 버튼을 누르는 것이었습니다. 저는 「정신증적 핵심」에서 이것에 대해 썼습니다. 저는 그것을 전지 차원에서의 오산이라고 불렀는데, 그것은 누군가가 모든 것을 다 알고 있는 것처럼, 마치 알고 있다고 생각하고 현실에 대해 오산을 하는 것입니다. 특히 남이 무슨 일을 하고 있는지에 대해 아는 것보다 자신이 더 많이 알고 있다고 생각하는 것입니다. 그래서 누군가가 실제로는 잘 모르고 있으면서, 알고 있다고 생각하고 버튼을 누르는 큰 위험이 도사리고 있었습니다.

그것은 마치 제 아내가 어제 밤에 제가 같이 식사하고 싶지 않을 거라고 오산했던 것과 같습니다. 「정신증적 핵심」에는 전능과 전지에 대한 장들이 있습니다. 전능에 대한 정신분석적인 글은 많이 있지만, 전지에 대한 글은 별로 없습니다. 비온은 전지에 관해 중요한 관찰을 했습니다. 비온의 열성 추종자였던 도날드 멜처도 그 주제에 관해 좋은 글을 썼습니다. 그는 가장 창의적인 클라인학자 세 명 중 한 명입니다. 클라인의 기본 서적들을 읽은 후에 싫증이 나신다면, 창의적인 클라인학자인 도날드 멜처와 이냐시오 마테 블랑코를 읽어보세요. 그들은 물론 비온을 포함해서, 가장 창의적인 클라인학자들입니다. 제가 가정하는 것은 두 번째 엄마는 모든 것을 알고 있는 아는 체하는 엄마이며, 그녀는 실제 알고 있는 것보다 아기에 대해 더 많이 알고 있다고 생각하고 있습니다. 그런 생각에 기초해서 그녀는 아기에게 해를 끼치는 행동을 합니다. 이런 종류의 엄마는 아기가 용서할 수 없는 엄마입니다. 첫 번째 엄마는 용서가 가능합니다. 그녀는 최선을 다하고 있습니다. 그녀는 전지하지 않습니다. 그녀는 자신이 전지하지 않다는 걸 알고 있습니다. 그녀는 가끔은 성공하고 가끔은 실패할 것이라는 것을 알고 있고, 기본적으로 좋은 느낌을 갖고 있습니다. 그녀는 지치며, 우울해지고, 화나는 등 여러 감정 상태를 경험합니다. 그녀는 아기와 함께 경험합니다. 그들은 서로에게서 살아남습니다. 이것이 중요합니다. 그들은 충분히 좋은 질적 요소를 통해 서로에게서 살아남습니다. 아기는 엄마를 용서하는 상태, 친교의 상태, 서로 주고받는 상태, 서로 용서하는 상태로 삶을 시작합니다.

「정신증적 핵심」은 전지가 얼마나 위험한 것인지에 대해 다루고 있습니다. 부정적인 측면에서 보면, 우리는 우리가 상대방에 대해 알고 있는 것보다 더 알고 있다고 생각하고, 그런 관점에서 매우 파괴적인 것들을 할 수 있기 때문에, 전지는 우리가 갖고 있는 가장 위험한 능력 중의 하나입니다. 우리가 단지 전능하다면, 단지 물리적인 힘을 휘두르는 깡패라면, 우리는 언젠가 누군가에게 두드려 맞을 것입니다. 부시 정권이 불량배이고 전능하다면, 언젠가 누군가에게 두드려 맞을 것입니다. 그들이 자신들이 전능하고, 하나님이 무엇을 원하는지를 알고 있으며, 다른 누구보다도 많이 알고 있다고 믿고 있다면, 이것은 정말 문제입니다. 불량배는 바로 잡을 수 있습니다. 당신이 챔피언이라도 언젠가 누구에게 K.O를 당할 것입니다. 그 누구도 전능하지 않다는 것을 우리는 압니다. 누군가에게 K.O를 당하기 전까지만 전능합니다. 당신이 왕이라고 해도 누군가가 당신을 죽이거나 쓰러뜨리고 다음 왕이 될 것입니다. 그것은 바로잡을 수 있습니다. 불량배들은 물리적으로 바로잡을 수 있습니다. 그들은 한계를 가지고 있습니다. 그러나 전지한 사람, 모든 것을 알고 있는 사람, 상대방에 대해, 세상에 대해 모든 것을 알고 있으며, 앞으로 해야 할 일도 모두 알고 있다고 믿는 사람은 바로잡을 수 없습니다. 그들의 부당성을 증명할 방법이 없습니다. 부시가 하나님의 마음을 알고 있다는 생각의 부당성을 증명할 수가 없습니다. 전지의 관점에서 행동을 할 때, 물리적인 세계 안에서는 당신의 마음을 바꿀 수 있는 것이 없습니다. 당신은 마음의 변화에 문이 닫혀 있습니다. 두 번째 엄마는 쉽게 바뀔 수 없습니다. 그녀는 무엇이 옳은지를 알고 있기 때문입니다. 그녀는 완고합니다. 이런 종류의 전지는 아기의 마음과, 존재와, 신체를 딱딱하게 만듭니다. 만약 누군가가 당신보다 당신을 더 잘 알고 있다고 생각하고 행동한다면, 그는 당신에게 피해를 주고 있는 것입니다. 그는 당신의 상태를 잘못 해석해서, 나쁜 것이 좋은 것이고, 좋은 것이 나쁜 것이라고 생각합니다. 그는 자신의 병리 때문에, 부정적인 전지 때문에, 옳고 그른 것을 뒤바꿔놓습니다. 당신의 마음은 딱딱해지고 그들을 용서할 수 없게 됩니다. 그것은 자발적으로 일어나는 일입니다. 다시 말하지만, 머릿속에서 일어나는 인지적인 것이 아닙니다. 그냥 발생하는 것입니다. 이 용서할 수 없음은 성격과 세상에 엄청난 손상을 입힙니다. 그리고 이 모든 것은 누군가가 당신에 대해 당신 자신이 알고 있는 것보다 더 많이 알고 있다는 것에서부터 시작됩니다. 그러므로 정신분석가로서 여러분은 전지를 조심하십시오.

그러나 아기는 엄마 자신보다도 엄마에 대해 잘 알고 있는 측면들이 있습니다. 아기는 엄마의 상태를 보고 느끼며, 엄마가 자신에 대해 알고 있는 것보다 엄마를 잘 압니다. 그리고 엄마는 이 지식의 일부를 인정하지 못하고 아닌 척을 합니다. 네가 나에 대해서 알고 있는 것은 진짜가 아니야. 이건 다 너를 위한 거야. 다 너 잘되라고 하는 거야. 다 너에게 좋은 거야. 아기는 다른 것을 보고, 엄마의 전지, 교활함, 무의식적인 자기 인식을 보지만, 그 지식에 대해 상대방이 반응을 하지 않기 때문에 홀로 남게 되고 고착되게 됩니다. 그 지식은 갈 곳이 없습니다. 그것을 교류할 수가 없습니다. 정신분석이 초기에, 최소 5년간 하는 것은 아기에게 과거의 환경과는 달리 아기를 감당할 수 있는 환경을 주는 것입니다.

제가 묘사하고 있는 이 두 개의 세계는 위니캇이 생생하게 그려내고 있는, 아기의 발차기에 반응하는 엄마의 방식에서 그 모습을 드러내고 있습니다. 아기의 발차기는 영어식 표현입니다만, 한국어에도 그런 표현이 있나요? 그것은 생명의 어법입니다. 그것은 '나는 살아있고 발로 차고 있다' 입니다. 일상적인 영어 문구입니다. 이 두 단어가 별개 같지만, 현실 삶에는 항상 뒤섞여 있습니다. 우리의 모든 이중적인 태도는 믹서기에 갈려서 구별이 불가능합니다. 그러나 전체적인 음조는 매 순간, 매일, 매해 변화

됩니다. 그것의 성질, 음조, 혼은 좋거나 나쁘거나 누적되는 효과가 있습니다. 그것은 스스로에게 더욱 나쁠 수 있습니다. 부정적인 전지를 가지고 살아가는 것은 스스로에게 해롭습니다. 사회에도 좋지 않습니다. 이번 생애에서 그것에 대가를 치르지 않을 수도 있습니다. 우리의 믿음이 무엇인지에 따라, 다른 생애에서 그것에 대한 대가를 치러야 할지도 모릅니다. 어쨌든, 언젠가 이 문제들을 직면해야 합니다. 그럴 수도 있고, 그렇지 않을 수도 있겠죠. 그러나 그것은 사람들을 작은 존재로 만듭니다. 그것은 불행한 일입니다. 저는 이것이 부분적으로 진화의 과정이라고 생각합니다. 어쩌면 수백만 년을 걸치는 초장기적인 진화의 과정일지도 모릅니다. 우리는 아직 어립니다. 쉬는 시간에 누군가가 저에게 진화에 대한 질문을 하셨는데, 그때 저는 비온은 우리의 마인드가 생존을 위한 것이며, 우리가 속해 있는 위험한 물리적 세상에서 살아남는 방법을 담당한다고 보았다는 이야기를 했습니다. 우리의 마인드는 생존에 적합하며, 생존 수단으로는 숨기, 속이기, 기회주의적인 공격, 피식자-포식자 모델, 공격에 대한 도피 모델 등등이 있습니다. 언제인지는 모르지만, 하나의 커다란 발견이 있었습니다. 연대기를 어떻게 짜느냐에 따라 달라지겠지만, 대략 기원전 500년 즈음에 세계 각지의 문명에서 다른 종류의 관심, 즉 단지 물리적인 생존이 아닌 생존의 질과 성격의 고결함과 존재의 진실에 대한 관심이 출현했습니다. 영혼의 성질에 대한 관심, 즉 단지 생존이 아니라 우리가 인간으로서 어떻게 살아남을 것인가에 대한 관심은 기원전 500에서 300년 사이에 자라났습니다. 그런 정신이 어떻게 탄생했는지는 잘 모르겠습니다. 비온의 개념을 빌리자면, 그것은 개인의 고결함에 대한 관심입니다. 우리의 정신은 승리하도록, 생존하도록, 어떠한 방식으로든 살아남도록 준비되어있는데, 이제는 개인의 고결함에 대한 문제를 다루게 되었습니다. 이것은 분명히 성경에서 볼 수 있는데, 거기에는 이와 관련된 갈등들도 있습니다. 그것은 그리스의 희곡에서도 아주 잘 드러납니다. 이집트의 죽음의 책 같은 데서도 볼 수 있습니다. 그것은 단지 두려움, 분노, 공격성, 생존이 아니라, 인간으로서의 성장에 대한 관심, 존재의 성질, 당신의 삶은 어떤 것인지, 어떤 맛인지에 대한 관심입니다. 그리고 희곡, 드라마 속에서 우리는 사람들이 삶의 질을 보호하기 위해 목숨을 바치는 모습을 볼 수 있습니다. 물론 삶의 질을 지키기 위해 목숨을 내놓아야 한다는 말은 아닙니다. 저는 그보다는 적응하는 것이 낫다고 생각합니다. 상황이 바뀔 때까지 땅 속에 있는 겁니다. 저는 상황이 바뀔 때까지 숨어서 살아남을 겁니다. 물론 상황이 나아질 수도 있고 아닐 수도 있을 겁니다. 어쨌든, 이런 문제들이 생겨났고, 비온은 우리의 정신이 이를 다루기 위한 채비가 아직 갖추어지지 않았다고 말합니다. 진실, 완전함, 개인의 가치와 고결함 등의 문제가 만들어낸 이 놀라운 섬광을 다루기에는, 우리의 정신이 아직 태아 수준이라는 것입니다.

이번 세미나에서 여러분에게 말씀드리고 싶은 핵심 내용 중의 하나는 우리 모두가 태아와 같다는 것입니다. 정신분석도 태아와 같고, 우리의 정신도 태아와 같습니다. 편안한 상자 안에 담겨져 있기 때문에 그렇지 않다고 생각하시는 분들도 있을 것입니다. 우리는 많은 짐을 지고 있습니다. 우리의 성격은 이런 저런 방식으로 형성되어 있습니다. 우리는 성격 없이는 살수 없지만, 그 성격이 우리에게 짐이 되는 것 같습니다. 그것은 우리를 둘러싸고 껍질을 형성합니다. 그러나 우리는 또한 태아와 같습니다. 비온과 위니캇은 우리에게 진화적 도전을 바라보는 다른 관점을 제시하고 있습니다. 그것은 우리가 이 새로운 마인드, 진실을 추구하는 마인드, 인간의 마인드를 갖고 소중한 생명체의 가치, 다른 소중한 생명체와 함께하는 인간, 소중한 지구를 돌보는 일을 위해 부름 받고 있다는 것입니다. 그 일을 위해 공을 들이고 함께 일하는 방법을 배우라는 것입니다. 우리의 정신은 태아 같습니다. 자신의 태아 수준의 능력을 수용하고, 이것이 성장할 수 있는 기회를 주라는 메시지만이라도 여러분에게 전달될 수 있다면, 저는 만족합니다. 다른 사람의 삶뿐만 아니라, 여러분의 삶의 작은 부분까지도 이 영구적인 태아 안에서 일어나는 작은 진화이며, 우리는 영구적인 태아입니다. 여러분이 사용하고 일하고 개발할 수 있는 진실된 마음, 인간의 가치와 관련된 작은 진화의 부분들은 진화적 도전에 공헌이 됩니다. 이것이 오늘날 우리의 모습입니다. 저는 보다 현실적인 평가와는 대조적으로, 아주 작은 부분이 중요하다고 생각합니다.

호칭을 조금 바꾸어보도록 하겠습니다. 첫 번째 엄마, 두 번째 엄마라고 부르는 대신, 그들의 태도를 따라 부르겠습니다. 그들은 서로 다른 태도, 인간 능력의 다른 부분들입니다. 우리는 통계치를 알고 있습니다. 전 세계적으로 아동학대는 전염병처럼 퍼져있습니다. 전 세계적으로 자살은 전염병처럼 퍼져있습니다. 학대는 가정 안에서만 일어나는 것이 아니기 때문에, 개인적인 현실과 사회적인 현실 이 두 가지를 함께 취급해야 합니다. 누군가가 말한 것처럼, 인간의 학대는 가정적인 학대일 뿐만 아니라 사회적인 학대입니다. 스팽글러가 말한 것처럼, 이 시대는 경제적 인간의 시대, 경제적 힘의 시대, 돈이 사람보다 중요하고, 돈이 사람 목숨보다 중요하게 취급되는 시대입니다. 돈이 사람 목숨보다도 중요하다는 생각이 당연시 여겨진다는 것은 아주 심각한 문제입니다. 그 문제는 눈에 보이지 않습니다. 재정적인 파워가 사람 목숨보다 중요한 것이 또 다른 종류의 눈에 보이지 않는 현실입니다. 권력을 거머쥔 엘리트 층이 다른 사람들의 삶을 파괴할 뿐만 아니라 스스로의 삶도 마찬가지로 파괴하고 있습니다. 사람인 그들에게 미치는 영향이 실제로 존재하고 있습니다. 그리고 그에 따라 치르는 실제적인 대가가 있습니다. 두 번째 엄마, 두 번째 태도는 진화적인 방법으로 대처해야 합니다. 그리고 이 투쟁은 앞으로 10년, 20년, 40년이 아닌 수천 년 동안 생각해야 할 문제입니다. 성경에서는 작은 씨앗, 작은 알갱이, 겨자씨, 작은 불빛, 희미한 목소리에 대해 이야기합니다. 성격 안에는 수많은 성향들이 있으며, 그 중에는 좋은 것들과 나쁜 것들이 있습니다. 아직 갈 길이 멉니다. 내일 아침, 혹은 모레, 혹은 글피 모든 것이 괜찮지 않더라도, 저는 절망하지 않을 겁니다. 그것은 아주 긴 여정이 될 것이며, 이 진실의 씨앗이 뿌리내리기까지는 수천 년이 걸릴 것이며, 그 동안에도 우리 모두는, 그리고 우리의 삶은 중요합니다. 그리고 그것이 외부의 기준에 적합하든지 적합하지 않든지, 우리 모두는 놀라운 공헌을 할 수 있습니다. 「독이 든 양분」에 아주 좋은 에세이가 실려 있습니다. 위니캇의 저서에서도 그것을 찾아볼 수 있습니다. 제가 추천한 그의 책 「정신분석적 탐구」에는 정상적인 것, 정상이라는 느낌에 대한 장이 있습니다. 위니캇은 그 정상이라는 느낌이 얼마나 조건 지워진 것인지를 우리에게 보여주고 있습니다. 그는 한 장애 아동이 소위 특정한 엄마 때문에 자신의 장애를 외부에서 보기 전까지는 느끼지 못합니다. 그에게는 생명력 있는 불꽃이 있습니다. 완전한 존재로서 생명의 불꽃에 대한 자신의 느낌이 있으며, 소위 그의 한계를 평가하는 사람들을 만나기 전까지는 장애아라는 느낌을 갖지 않았습니다. 그리고 제가 「독이 든 양분」에서 정상임에 관해 쓴 짧은 에세이에는 한 개인이 독이 든 세상, 독이 든 대기 속에 살면서 그것이 정상이라고 느끼며 그것을 벗어날 수 있는 기제들을 발달시키지 않는다는 이야기가 실려 있습니다. 우리가 익숙해 있는 대기의 조건에 따라, 자라난 환경에 따라, 우리가 알고 있는 것에 따라, 정상이라는 것의 의미는 변합니다.

조금 전에 말씀 드린 도로시 블락이라는 정신분석가는 엄마의 무의식적인 영아살해 환상에 관심을 갖고 글을 썼습니다. 그것은 엄마가 아기의 생명력을 견딜 수 없는 상황과도 같습니다. 엄마는 아기의 생명력을 견뎌내지 못합니다. 우울한 엄마, 두려운 엄마, 화가 난 엄마는 영아살해의 환상 혹은 소망 혹은 충동을 가질 수 있습니다. 그것은 의식적일 수도 있지만, 대체로 무의식적입니다. 주로 무의식적이거나 반쯤 의식적입니다. 그녀는 그 주제를 다루었습니다. 그녀는 유아 우울증의 원인을 엄마의 살인 소망에서 찾았습니다. 그것은 실제로 그리스 문학의 테마이기도 합니다. 영아 살해 관습들이 있습니다. 국왕 시해, 영아 살해, 모친 살해, 부친 살해 등을 다루고 있습니다. 그리스 희곡의 중요한 테마입니다. 도로시는 이것이 가정 안에서 엄마와 아기 사이에 자주 일어난다고 생각했습니다. 아기의 우울한 성질의 원인을 그것에서 찾고 있습니다. 아마도 그러한 생각이 저에게 "안 돼"라고 말하지 않고 제 생명의 느낌을 지지해줄 수 있었던 원천이었던 것 같습니다. 엄마의 무의식적 소망을 다루는 것을 통해서 그녀 안에 무언가가 자라난 것 같습니다. 그렇지 않았더라면, 아기는 죽었을 수도 있고, 제 경우에도 어떻게 되었을지 모릅니다. 어쩌면 그 엄마는 제 존재의 완전한 성질을 두려워하고, 그것을 어떻게 다루어야 할지를 모르고 혼란스러워 했을지도 모릅니다. 살해 소망이 나타났을 수도 있습니다. 그녀가 두려움을 느끼는 것은 저를 떨어뜨리는 것과 같습니다. 혹은 두려움 때문에 저를 충분히 먹이지 못하고 굶길 수도 있습니다. 제 생각에, 인간의 두 가지 원초적인 공포는 굶주림과 질식에 대한 공포입니다. 정신적으로 뿐만 아니라, 육체적으로 굶고 질식하는 것에 대한 두려움입니다.

뿌리 깊은 부정적 사고를 바로잡기 위한 교정적인 상호 작용은 항상 이루어지고 있습니다. 우리는 언제나 이것과 관련하여 서로를 돕고 있습니다. 저에게는 큰일일 필요가 없습니다. 어제 저녁 준호 군과 이 소장님과 헤어진 후에 산책을 하고 있었습니다. 세미나에서 만났던 몇 명과 마주쳤습니다. 그들은 좋은 기분, 좋은 정신 상태였습니다. 그들은 손을 흔들면서 인사를 했고, 제 안의 아기는 '아, 엄마 눈 속의 반짝임이 저기에 있구나' 라고 느꼈습니다. 좋음의 세력입니다. 좋음의 순간입니다. 작은 순간입니다. 보통은 별 생각을 하지 않습니다만, 그것은 좋은 느낌이었습니다. 만나서 반가웠습니다. 인사가 좋았습니다. 이 모든 것은 중요합니다. 쉬는 시간에 같이 사진을 찍고 이야기를 나누는 것도 말입니다. 모두 중요합니다. 모두 좋음의 편에 더해집니다. 그것은 교정적이며 영원히 멈추지 않습니다. 매우 중요합니다. 심지어 누군가 인사를 하거나 회피하는 것도 그렇습니다. 모든 순간은 작은 차이를 가져옵니다.

계속해서 위니캇의 이야기를 하게 되는군요. 위니캇에게 이렇게 많은 시간을 할애하게 될 줄은 저도 몰랐습니다. 전체적인 그림은 '우리는 서로를 견디낼 수 있는가? 서로를 살아남을 수 있는가? 그리고 어떤 성질로 어떤 음조로? 어떤 영혼으로? 어떤 자발적인 느낌으로?' 입니다. 위니캇은 자발성의 느낌을 매우 강조하고 있습니다. 오후에 질의응답 시간과 사례를 통해서 더 나올

지도 모르겠습니다. 제가 "질의응답"이라고 말씀 드렸지만, 그것은 언어적 오류입니다. 왜냐하면 저는 대답을 주지 않습니다. 저는 해답을 모르지만 반응을 하려고 노력합니다. 오후에 하도록 하겠습니다. 그러나 아직 비온과 살인자에 대한 이야기를 하지 못했습니다. 위니캇은 멜라니 클라인의 보상에 대한 묘사에서 한 걸음 더 나아갔습니다. 보상이 실재하지 않고 나쁜 행동에 대해 일어나지 않는다는 것이 아닙니다. 그는 그것이 자기가 관심을 갖고 있는 가닥이 아니라고 합니다. 그것은 생명 불꽃의 자발적 가닥, 존재의 자발적인 가닥, 중간 대상과 대상의 사용을 꿰뚫고 있는 자발적인 가닥이 아닙니다. 그는 죄책감과 죄책감에 대한 보상이 다른 가닥의 실이라고 생각했습니다. 다른 종류의 자발성이 있습니다. 다른 종류의 삶의 느낌을 통해 기력, 삶의 기쁨이 나옵니다. 내가 저질렀던 나쁜 일에 대해 보상하고 싶은 것과 다릅니다. 물론 그것도 실재하고 필요합니다. 그러나 그것은 그가 추적하고 있는 것이 아닙니다. 그가 추적 장치를 단 것은 그것이 아닙니다. 그는 지지를 필요로 하고 있는 자발적인 생명의 가닥을 추적하고 있습니다. 우리는 모든 상호작용을 통해 서로를 위해 생명을 들이마시고 내쉬고 있습니다.

잠시 후 위니캇과 작별을 나누겠습니다. 위니캇에게 있어서 중요한 것은 상대방이 나를 어떻게 살아남느냐는 것입니다. 만약 살아남는다면, 어느 정도 살아남는가? 나를 어느 정도 견뎌낼 수 있는가? 내가 어느 정도 받아질 것이라고 기대할 수 있는가? 우리가 서로를 살아남고 서로의 생명 세력을 받아들일 수 있는 한계치는 얼마인가? 매우 중요한 질문입니다. 여러 가지로 중요한 진화적 질문입니다. 그러나 쉬는 시간 전에 비온 이야기를 하기 위해 잠시 위니캇에 대한 이야기는 여기에서 접겠습니다. 그 두 사람의 이야기는 상호보완적입니다. 그 둘은 함께 놓고 보아야 하며, 서로에게 필수적인 이야기입니다. 비온이 이야기하는 한 가지 진화적으로 매우 중요한 것인데, 그것은 우리가 어떻게 스스로의 살인에서 살아남느냐의 문제입니다. 우리는 어떻게 스스로의 살인에 살아남을 수 있습니까? 다른 사람이 나를 죽입니다. 그래도 그것은 괜찮습니다. 이와 관련해서 한 문장을 말씀드리겠습니다. 「민감한 자기」라는 책의 '기본적 리듬'이라는 장에 나오는 문장입니다. 저는 이 부분을 '비온의 해방케 하는 죽임' 자유를 주는 죽임이라고 불렀습니다. 여러 종류의 죽임이 있습니다. 죽임은 죽임입니다. 죽이는 것이 좋다는 것은 아니지만, 그것은 우리의 일부입니다. 우리는 정신적으로 서로를 죽입니다. 우리는 모두 살인자입니다. 제 모든 이론은 우리의 살인, 우리가 서로를 죽이는 것에 직면해서 믿음을 갖도록 지지하기 위한 것입니다. 요약하자면, 제 모든 연구는 우리의 나쁨에도 불구하고 믿음을 잃지 않게 하기 위한 것입니다. 만약 알맞은 장소, 알맞은 태도를 발견할 수 있다면, 모든 것은 달라 보일 것입니다. 그것은 사용할 수 있는 것으로 바뀌게 됩니다. 그리고 함께 일할 수 있는 것으로 바뀝니다. 「명상」이라는 책에서 비온은 살인을 당하고도 그것이 괜찮아지는 것에 대해 쓰고 있습니다. 살인을 당하고도 괜찮습니다. 만약 누군가와 관계를 갖고 싶다면, 살인을 당할 준비를 해야 합니다. 우리는 관계 속에서 서로를 죽입니다. 그리고 필요한 책략은 살인을 당한 후에 괜찮아지는 것입니다. 5분 후, 혹은 두 시간 후의 이야기가 아닙니다. 그것을 접수하고, 그것의 리듬을 허용하고, 필요한 지지를 받는 것이 중요합니다. 비온의 글은 읽기가 쉽지 않기 때문에, 이상하게 들릴 수도 있습니다. 그러나 비온의 목적은 전적으로 정신을 지지하는 것이고, 스스로 지지할 수 없는 정신을 가진 사람을 지지해주는 것입니다. 그것은 마치 보조적인 꿈 작업자가 되는 것과도 같습니다. 혹은 보조적인 정신의 역할을 하는 것입니다. 그 사람의 정신이 스스로 지지할 수 없기 때문에 그를 지지해줍니다. 비온은 살인을 당하고도 괜찮아지는 이야기를 하고 있습니다. 우리가 서로와 충분히 좋은 질의 삶을 살고 싶다면, 우리는 어떻게 이 일을 해낼 수 있는지에 대해 대답을 해야 합니다. 양질의 관계를 원한다면, 우리 모두는 살해를 당하고도 괜찮아지는 법을 배워야 합니다. 상대방은 우리에게 살인을 당하고도 괜찮아지고, 우리는 상대방에게 살인을 당하고도 괜찮아지는 법을 배워야 합니다. 그런 점에서, 상대방이 파괴에서 살아남는다는 생각과 자신이 스스로의 살인에서 살아남는다는 생각은 서로 상통하는 것입니다. 비온은 기본적인 능력에 대해 말하고 있습니다. 위니캇이 말하는 것과는 반대되는 이야기처럼 보입니다. 그러나 그것은 위니캇의 대상 사용에 대한 이론에 암시되어 있는 능력입니다. 상대방이 우리를 살아남는다는 것은 때때로 우리가 우리 자신의 살인에서 살아남아야 한다는 것이기도 합니다. 그리고 잘 살아남아야 합니다. 어떤 엄마들은 잘 해냅니다. 그들은 죽었다가 살아납니다. 저는 이 점에서 환자들에게 매우 열려있습니다. 그들이 받아들일 수 있다고 생각하면, 아주 개방적이 됩니다. 잠시 후 오후에는 이 점에서 실패할 뻔 했던 경계선 사례에 대해 말씀 드리겠습니다. 그녀는 받아들이지 못했습니다. 저는 너무 일찍이 그녀를 실망시켰고, 하마터면 재난이 일어날 뻔했습니다.

이것은 「민감한 자기」에서 발췌한 부분입니다.

비온에게 살인은 심리적인 탄생의 일부분이며, 심리적 탄생은 살인을 통해 삶 안으로 들어오고 발견하는 과정입니다. 살아남을지에 대한 확신이 없는 살인에서 살아남는 방법을 배우는데, 이는 성장을 위한 배움입니다. 살아있음이 정점을 향해 성장하고 살인과 만납니다. 두려움 때문에 물러나면, 살인은 협박처럼 자라나고 넘을 수 없는 장벽이 됩니다. 정체된 혹은 회피한 죽음은 삶의 침체 요소가 됩니다. 비온은 살인을 당하는 연습에 동참할 것을 초대하며, 궁극적으로는 그것으로 인해 더욱 살아납니다. 살인은 통로이며 갈림길입니다: 그것을 통과하지 못하면, 괜찮다고 느낄 수 없습니다. 혹은 그것을 통과함으로써 이전의 두려움을 더욱 포괄할 수 있는 방법, 새로운 방법으로 괜찮다고 느낄 수 있습니다. 자기와 성격의 질은 살인을 당한 전후와 그 정도에 따라 달라집니다.

서로의 충격을 통과하는 비결은 영양분이 필요하다는 것입니다. 비온은 상대방의 파괴성에 살아남는 것을 강조하고 있으며, 위니캇은 상대방이 자기의 파괴성에 살아남는 것을 강조하고 있습니다—이는 양면의 능력을 두 가지로 표현한 것입니다. 우리는 서로와 상대방에게서 살아남으며, 얼마나 잘 죽이고 잘 죽임을 당하느냐에 따라 부분적으로 그 질이 결정됩니다. 충격을 통과하는 하나의 기술이 있으며, 그 기술은 쉽게 남용되고 착취되지만, 우리가 서로 잘 살고 싶다면, 그것은 매우 중요한 것입니다 (31쪽 발췌 내용).

이전에 언급한 비온의 세미나 책 이름이 틀렸습니다. 네 개의 에세이와 '나쁜 일을 어떻게든 극복하기' 중에 '두 개의 성격이 만나면 감정의 폭풍이 만들어진다'는 어구가 담긴 책입니다. 그 책 이름은 「임상 세미나와 네 개의 페이퍼」입니다. 비온의 모든 책들과 마찬가지로, 카르낙에서 출판했습니다. 어제 웨슬리언에서 출판했던 제 책들을 제외하고는 정신분석 책들이 너무 비싸다고 말했습니다. 이 말에 대해 생각해 보았는데, 웨슬리언 출판사는 웨슬리언 대학교에서 보조를 받고 있습니다. 정신분석 출판사, 독립적인 출판사들은 시장이 크지가 않습니다. 돈을 벌지 못합니다. 그들은 대부분 파산하거나 더 큰 출판사에 넘어가 판권만 갖는 경우가 많습니다. 오늘날에 독립적인 정신분석 출판사가 살아남기는 정말 힘듭니다. 카르낙 출판사는 오로지 정신분석 관련 책만을 출판하는 몇 안 되는 독립적인 출판사 중 하나입니다. 그래서 카르낙 책이 비싸다고 했는데, 사실 비쌉니다. 유감스럽습니다. 후회가 됩니다. 그렇지 않았으면 좋겠습니다. 그러나 경제적인 압력 하에서 오늘날 정신분석 출판사가 살아남으려면 많은 지지가 필요합니다. 일반적으로 출판업계에는 팔리거나 돈이 되는 책만을 출판해야 하는 압력이 있습니다. 두 가지 예외 분야가 시와 정신분석입니다. 그래서 책값이 비싼 것 같습니다. 카르낙은 비온의 모든 저서와 위니캇의 저서 다수 및 모든 영국 학자들의 책을 출판했습니다. 저도 카르낙에서 일곱 권을 출판했습니다. 제가 어떻게 영국 출판사와 함께 일하게 되었는지는 생각해볼 문제입니다.

제가 여러분에게 전해주고 싶은 하나의 생각은 '느끼다' 라는 단어입니다. 우리가 하는 일의 많은 부분은 느끼는 것입니다. 이 단어를 사용하는 프로이트와 비온의 방식은 이 단어의 의미를 더욱 풍부하게 만들었습니다. 프로이트는 자아를 정신적 감각, 정신적인 지각 기관이라고 말합니다. 그가 자아를 감각 기관이라고 이야기하는 데는 복잡한 내용이 내포되어 있습니다. 그것에는 여러 수준의 의미가 있습니다. 그것은 단순히 감각 정보가 아닙니다. 물론 감각 정보도 매우 흥미로우며, 그로 인해 우리는 살아있다고 느끼거나 살아있다는 감각을 가집니다. 그러나 그것은 그 외에도 다른 무언가를 뜻하고 있습니다. 귀와, 코와, 눈과, 입과, 피부를 통해서가 아닙니다. 어쩌면 피부를 통해서일 수도 있겠습니다. 그것은 단지 느끼는 것입니다. 무드를 느끼는 것입니다. 이것은 어떤 종류의 감각 기관입니까? 일어나고 있는 것을 느끼는 것, 이것은 정신분석이 가장 많이 사용하는 것입니다. 어떤 이들은 이를 직관이라고 부릅니다. 그것은 단지 직관이 아니며, 뭔가 다른 것이 있습니다. 동물들도 이 감각을 가지고 있습니다. 그들은 대기와 대기의 감정들을 느낍니다. 그들은 냄새 맡고, 느끼며, 위험을 감지합니다. 정신분석에서 감각의 폭은 더욱 넓습니다. 그것은 방금 말한 것들을 모두 포함합니다. 눈에 보이지 않는 감정 상태, 혹은 거의 보이지 않는, 혹은 환자가 알지 못하고 있는 것들을 느낍니다. 이것이 제가 전달하려는 내용, 또는 모델의 일부입니다. 며칠 전에 준호군과 이것에 대해 잠시 이야기를 나눈 것 같습니다. 정신을 느낄 수 있는 우리의 능력 때문에, 우리는 때로 자발적으로 환자가 모르고 있던 느낌들을 밝혀주곤 하는데, 이것은 환자에게 매우 중요합니다. 준호군과 이런 이야기를 나눌 때, 이마뉴엘 겐트의 예가 생각났습니다. 그는 위니캇 학파이면서 불교 신자였습니다. 그에게 한 환자가 있었습니다. 그 환자는 카우치에 누워있었고, 그는 어느 순간에 일어나서 이불을 가져와 그녀에게 덮어줍니다. 그는 그녀가 말은 안 했지만 춥다는 것을 느꼈습니다. 그가 그녀에게 이불을 주자, 그녀는 자신이 춥다는 것을 깨달았습니다. 그녀는 춥다는 느낌과 연결할 수 있었으며, 점선을 연결할 수 있었습니다. '나는 춥구나. 나는 담요가 필요하구나.' 마치 그녀는 자신이 춥고 따뜻함이 필요하다는 것을 몰랐던 것 같아 보입니다. 그는 그녀가 필요하다는 것을 모르고 있던 따뜻함을 제공했습니다. 그녀가 따뜻함을 경험하자, 그것이 필요하다는 것을 깨달았습니다. 이것은 신체적인 것인 동시에 정신적인 것입니다. 그 행동은 이전까지는 불가능했던 정서 교류를 위한 공간을 마련했습니다. 이는 상대방의 상태를 느낄 수 있는 능력을 보여주는 작지만 극적인 예입니다. 치료자는 때때로 환자의 상태와 부합하고 일치하는 방법으로, 우아하고 재치 있으면서 수치심을 주지 않는 방법으로 대응을 합니다. 환자가 필요 혹은 느낌과 연결이 되며 그것을 소중하게 여길 수 있게 되는 방법으로 말입니다. 그때 환자는 느낄 수 있습니다. '나는 따뜻함이 필요하구나.'

한번은 제가 보고 있던 환자의 아이를 자기 심리학자인 유명한 아동치료사에게 맡긴 적이 있습니다. 저는 그 치료사가 자기 심리학자니까 아이를 잘 공감해주고 따뜻하게 대해줄 거라고 생각했습니다. 너무 유명한 사람이기에 추천했습니다. 아이가 치료를 시작한지 한 달이 되었을 때, 엄마는 아이에 대해 보고를 했는데, 아이의 상태가 악화되고 있음이 분명했습니다. 이상한 행동들을 하기 시작했고, 기호와 같은 난해한 글들을 쓰기 시작했습니다. 마치 그가 감정을 잃거나 자신의 감정과의 연결을 잃고 있는 것 같았습니다. 저는 매우 걱정이 되었고, 그 치료자와 점심을 함께 하면서 아동치료에 관한 대화를 나누었습니다. 저는 놀이에 대해 보고를 듣지 못했기 때문에, 장난감 사용의 유무에 대해 물어보았습니다. 그는 장난감은 옷장 속에 있다고 말했습니다. 그 방에 종이와 펜은 있었지만 장난감은 없었습니다. 아이는 방을 둘러보거나 옷장을 열어보지 않았던 것입니다. 그래서 장난감을 찾지 못했습니다. 마치 스스로 탐험하고 자기가 필요한 것을 찾는 것이 아이의 책임이었던 것 같습니다. 그래서 이 모델은 아이가 자기가 필요한 것을 찾도록 내버려 두는 것이었습니다. 저에게는 그러한 치료 모델이 매우 이상하다는 생각이 들었으며, 환자를 굶기고 전혀 지지를 해 주지 않고, 아이가 혼자서 괴로워하도록 내버려두는 것 같이 느껴졌습니다. 엄마에게 치료를 중단시키도록 권유했고, 아이는 더 따뜻하고 지지해주는 치료자에게 맡겼습니다. 그리고 아이는 괜찮아졌습니다. 엠마뉴엘 겐트의 모델은 약간 미친 모델이지만, 그 자기심리학자의 것과는 대조되는 것입니다. 참고로 미쳤다는 것은 이스라엘 말로는 '메슈가나'라고 합니다. 어쨌든 그 자기심리학자는 자기 나름의 이론적 토대를 갖고 있었고, 자신의 이론에 따르고 있었습니다.

어떻게 우리가 죽이고 싶거나 견딜 수 없는 환자를 존중해줄 수 있을까요? 수 년 전에 이것에 관한 페이퍼를 쓴 적이 있습니다. 「전기가 흐르는 밧줄」이라는 책의 '원치 않는 환자들과 일하기'라는 장에서, 저는 혐오스러운 혹은 불쾌감을 주는 증오스럽고 견딜 수 없는 환자들에 대해 다루었습니다. 뉴욕에서 종종, 만약 히틀러가 치료를 받으러 온다면, 어떻게 할 것인가가 이야기거리가 되곤 합니다. 제 아내의 환자 중에는 거의 모든 사람을 증오하는 환자가 있습니다. 그는 특히 유대인과 소수 인종을 증오합니다. 그가 증오하지 않는 사람이 있는지 모르겠습니다. 그가 증오하지 않는 것은 거의 없습니다. 그는 장의사입니다. 그게 어떤 의미인지는 모르지만, 그는 죽은 사람들만 좋아하는 것 같습니다. 아내는 3년간 그와 일했지만, 그를 견디지 못합니다. 그의 성격 때문에 미치려고 합니다. 그는 모든 사람을 악랄하게 증오하면서 시간을 보냅니다. 그래도 그들은 같이 있습니다. 신만이 그가 어떻게 될지 알 것입니다. 하루는 제 아내가 자신의 본성을 조금 드러내는 모험을 했습니다. 그에게 말하기를, "당신은 마치 나치처럼 들리는군요." 그가 말하기를 "네! 바로 그겁니다!" 그는 그 말에 자랑스러워했습니다. 치료는 계속되고 있습니다. 그게 어떻게 될지는 모르겠습니다. 그는 살아있습니다. 자살을 하지 않았습니다. 예전보다 일거리도 조금 더 많아졌습니다. 무엇이 일어나는지는 잘 모르겠습니다. 그러나 저는 뭔가가 일어나고 있다는 느낌을 받았고, 아내를 계속 지지해주고 있습니다. 이것이 우리가 하는 일의 일부입니다. 우리는 견딜 수 없는 이런 사람들에게 우리가 할 수 있는 한 정중합니다. 왜냐하면 이 사람들은 스스로를 증오하는 사람들이기 때문입니다. 이들은 증오를 받았고, 자살을 피하는 수단으로 과대적인 인간이 되었습니다. 혹은 이들은 정서적으로 굶주린 상태에 있으며, 죽음의 문턱 앞에 와 있습니다. 때로는 우리가 죽음을 막고 있는 유일한 방파제입니다. 때로는 그냥 그들이 죽게 놔두는 것이 낫겠다는 생각이 듭니다. 이상하게 들리지만, 이것을 견디는 것을 통해서 우리는 성장합니다. 장기적으로, 치료자가 아직 끝나지 않았다는 믿음을 갖고 이런 상황을 견디면, 얻는 것이 있습니다.

수 년 전에 저는 농담 삼아 나 같은 사람이 길거리에 나앉지 않고 할 일을 주기 때문에 심리치료는 사회적으로 좋은 거라고 이야기하곤 했습니다. 그리고 제 아내의 그 나치 환자에게도 소위 할 일을 줍니다. 그것은 그가 더 나쁜 일을 저지르는 것을 막아줍니다. 그는 치료에서 차가운 피를 흘리는 희생자가 아니라 따뜻한 피가 흐르는 희생자를 갖습니다. 그는 치료에서 자신의 증오를 모두 토해낼 수 있습니다. 그것은 끔찍한 상황입니다. 치료자는 눈에 보이지 않아야 합니다. 눈에 보이지 않는 곳에 있어야 합니다. 아마 그는 일생 동안, 따뜻한 심장을 가진 사람에게 이토록 끔찍하고 차가운 증오와 사악함을 토해낸 적이 없을 겁니다. 이전에는 그런 일이 없었지만, 치료에서 일어나고 있습니다. 참으로 이상한 상황입니다. 어쩌면 이렇게 45분간 꼼짝 못하는 따뜻한 심장을 갖고 있는 희생양에게 폭언을 쏟아 붓는 것이 그가 누군가와 가까이 가고자 하는 최선의 노력일지도 모릅니다. 치료자는 그에게 갈 곳을 제공합니다. 기대되는 일을 제공합니다. '아, 베티를 보면, 이 모든 것을 토해내야지.' 마치 치료자를 위해 아껴두는 것 같습니다. 장례식을 행할 때는 그렇게 하지 않습니다. 길거리를 걷거나 혹은 장을 볼 때는 그렇게 하지 않습니다. 치료자를 위해 아껴둡니다. 치료 공간이 그가 마음 놓고 끔찍할 수 있는 그들만의 공간입니다. 거기에는 개인적인 기능뿐만 아니라 사회적인 기능도 있습니다. 이런 사례의 경우, 우리가 주로 하는 일은 시간을 버는 일입니다. 우리는 시간을 법니다. 무엇을 하든 무슨 말을 하든, 상관이 없습니다. 무례한 짓을 하고 싶다면 무례한 짓을 하십시오. 저는 소위 만성 정신병자를 본 적이 있습니다. 그 시절에는 만성 정신분열증이라고 했습니다. 그는 모든 것에 미소를 지었습니다. 모든 것이 행복했습니다. 그는 언제나 행복했습니다. 저는 젊은 치료자였기 때문에 야망이 있었고, 그래서 그를 압박했습니다. 환자들이 낫기를 원했습니다. 저는 잘 알지 못했습니다. 그래서 저는 그가 반응을 보이도록 그를 압박했습니다. 저는 임상감독자에게 그가 공격성을 표출할 수 있도록 건드려 보고 싶다고 말했습니다. 그가 분노를 좀 더 표출하고 좀 더 싸울 수 있게 만들고 싶었습니다. 슈퍼바이저가 말하기를, "너 하고 싶은 대로 해보라"고 했습니다. 제가 어떤 짓을 해도 반응이 없을 거라는 의미였습니다. 그는 여전히 상냥할 것이고, 어떤 감정도 부인할 것입니다. 계속해서 그런 상태일 것입니다. 이런 상황에서 할 수 있는 것은 시간을 버는 것입니다. 기다려 보세요. 무엇을 하든 무슨 말을 하든, 상관이 없습니다. 언젠가는 하나님만이 아시겠지만, 누적되는 효과가 있을 것입니다. 치료자는 이

끔찍한 사람에게 충격을 받는 것만이 아닙니다. 이 충격은 물론 독성이 있고, 치료자에게 좋지 않습니다. 우리에 행해지는 많은 것들이 우리의 건강에, 우리에게 유익하지 않습니다. 우리는 균형을 잡기 위해 다른 많은 것들을 해야 합니다. 이 상황에서 치료자는 나쁜 충격을 받는 것만이 아니라 상대방에게 무의식적으로 충격을 주고 있습니다. 아직은 눈에 보이지 않지만, 환자에게 충격을 주고 있습니다.

저는 지금 아무것도 말하지 말라거나 아무 짓도 하지 말라고 말하는 것이 아닙니다. 그것은 마치 굶주림의 상태, 아까 묘사한 옷장 속의 장난감을 향해 다가가지 못하는 아이가 호기심을 갖게 되고 행동을 하게 되기를 기다리는 상황입니다. 그것을 권하는 것이 아닙니다. 그는 제가 하는 어떤 말에도 큰 희망을 갖지 않을 것입니다. 행동은 그곳에 있지 않습니다. 행동은 눈에 보이지 않습니다. 행동은 비언어적인 장소에 있습니다. 치료자는 상대방의 관심을 유지하기 위해서 필요에 따라 말을 해야 합니다. 그리고 환자가 생각하지 못했던 것에 대해 생각거리를 줄 수 있으며, 그의 관심을 끌 수 있는 이야기들을 가끔 생각해낼 수 있을 만큼 우리 모두는 충분히 영리하고 교육을 받았습니다. 그것은 정신분석적 해석 혹은 이해라고 불립니다. 그것이 도움이 될 수도 있고 안 될 수도 있습니다만, 적어도 시간을 버는 데는 도움이 됩니다.

많은 분들이 위니캇을 읽으셨겠지만, 위니캇은 나이가 들었을 때, 자신은 기다리는 것이 중요하다는 것을 알게 되었고, 특정한 기다림과 느끼기와 무의식으로부터 오는 것을 말하는 것이 중요하다는 것을 알게 되었다고 말했습니다. 중요한 것은 방안의 정서적 분위기였습니다. 그는 환자에게 자신이 있다는 것을 알리기 위해, 가끔 말을 했다고 합니다. Z지점에 이를 때까지 환자가 버림받았다는 느낌을 주지 말아야 합니다.

여러분이 잘 모르는 어느 한 단체가 비온을 뉴욕으로 초대했습니다. IPTAR는 일주일 간 세미나를 하도록 비온을 초대했고, 그 기간에 저는 그와 몇 회기를 가졌습니다. 매우 중요한 회기였습니다. 그는 제가 결혼할 수 있도록 도왔습니다. 그가 뭐라고 했는지 말씀 드리겠습니다. 아마 재미있을 것입니다. IPTAR는 매우 보수적이고 전통적인 단체였습니다. 그곳에는 위니캇학파 몇 명이 있었고 당시에는 코헛학파는 없었습니다. 매우 엄격한 훈련 프로그램을 갖고 있는, 아주 훌륭한 단체였습니다. 나중에는 떠났지만, 사울 터트맨이라는 산도르 페렌치와 많이 닮은 사람이 있었는데, 그가 모든 사람과 함께 비온을 초대했습니다. 아주 재미있는 사람이었습니다. 그는 영국학파에서 소속되어 가르치고 있었습니다. 그는 뉴욕에서 처음으로 대상관계를 가르친 몇 사람들 중 하나였고, 당시 IPTAR에서는 유일했습니다. 그렇게 해서 비온이 왔습니다. 당시 그의 나이는 잘 모르겠습니다. 저는 그를 읽기 시작한지 얼마 되지 않았지만, 그가 저에게 미친 심오한 영향 때문에 이미 그의 이론을 강의하고 있었습니다. 저는 제가 배우기 위해 그의 이론을 가르쳤습니다. 그때 비온이 뉴욕에 세미나를 하러 왔던 것입니다. 그는 노트를 사용하지 않았습니다. 페이퍼를 보며 말하지 않았습니다. 이십 분 혹은 삼십 분간 말하고 나서, 질문을 받았습니다. 어느 저녁인가 누가 그에게 "당신은 정신분석 이론은 사용하지 않습니까? 프로이트 이론은 사용 안 합니까? 정신분석적 해석은 사용하지 않습니까?"하고 물었습니다. 비온은 이렇게 대답했습니다.

"프로이트가 있어서 천만다행입니다. 피곤할 때에 써먹기 좋습니다."

1978년에 비온이 뉴욕에 왔을 때 저는 그와 몇 번의 개인 회기를 가졌습니다. 그는 매우 지지적이었습니다. 믿을 수 없을 정도였습니다. 그는 격식을 차린 고풍스러운 영국인처럼 보였습니다. 그는 나이가 들었고 구식에 속한 사람이었습니다. 등이 곧았고, 그는 과거에 수영선수였습니다. 격식을 차린 것처럼 보였지만, 저는 순간적으로 그에게 친밀감을 느꼈습니다. 왜인지는 잘 모르겠습니다. 그리고 순간적으로 깨달았습니다. 저를 반영해주고 있는 그의 모습은 마치 겁먹은 것처럼 보였습니다. 그 순간 저를 반영해주고 있었던 것 같습니다. 그는 저보다 훨씬 덩치가 큰 그의 모습이 제 영혼 안에 윤곽을 잡았습니다. 그는 갑자기 저보다 아래에, 제 밑에 서 있었습니다. 저는 순식간에 자발적으로 일어났습니다. 그 일은 아주 빠른 시간 안에 일어났습니다. 그의 외모는 마치 곤충, 기쁨이 없는 곤충과 같았습니다. 그러나 우리가 앉아서 대화를 나누는 동안 그는 매우 열려 있었습니다. 대화의 자세한 부분까지는 말씀드리지 못하지만, 30년이 지난 지금도 기억이 생생합니다. 벌써 시간이 그렇게 흘렀다는 것이 믿기지 않습니다. 그 회기에서 일어난 여러 가지 일들 중 하나를 말씀 드리겠습니다. 매우 꽉 찬 회기들이었습니다. 그는 제가 죽게 놓아두지 않았습니다. 그는 제가 질식하게 놓아두지 않았습니다. 그는 제가 굶주리게 놓아두지 않았습니다. 그의 느끼기, 무의식적 느끼기는 모든 것을 했습니다. 그는 제가 언급하지 않았던 몇 가지를 말했습니다. 제가 말을 꺼낸 것이 아니고, 그가 말을 꺼낸 것입니다. 그는 저를 보면서 느닷없이 서너 가지를 말했습니다. 갑자기 그는, "있잖아요. 결혼은 당신이 생각하는 그런 것이 아닙니다"라고 말했습니다. 저는 아직 결혼을 하지 않고 있었습니다. 세상에! 결혼이라니. 저는 생각만 해도 두려웠습니다. 결혼은 저에게 덫이었습니다. 그가 말하기를 "있잖아요. 결혼은 당신이 생각하는 그런 것이 아닙니다. 그것은 진실을 말할 수 있는 누군가가 있다는 것, 스스로에게 혹독하게 하는 것을 완화시킬 수 있는 누군가가 있다는 것입니다." 그것이 전부였습니다. 그는 "결혼은 진실을 말할 수 있고 스스로에 대한 혹독함을 완화시켜 줄 수 있는 상대방을 가지는 것입니다"라고 말했습니다. 그것이 전부였습니다. 저는 그 후 2년 안에 결혼을 했습니다. 그렇게 됐습니다. 그가 저를 해방시켜주었습니다. 그 말에 대해 생각하고 또 생각하고, '세상에 내가 잘못 생각하고 있었구나'라고 느꼈습니다. 그리고 일종의 혁명이 일어났습니다. 그는 제가 말하지 않았던 필요를 예상했고, 느닷없이 회기에서 말을 꺼냈으며, 제 인생에 중대한 영향을 미쳤습니다. 모든 사람이 이것을 할 수 있는 것은 아닙니다. 저도 그렇게 할 수 있는지 모르겠습니다. 가끔은 가능합니다. 그러나 대부분은 안 됩니다. 여러 해 전에 다른 사람의 인생을 바꾸어 놓았던 제 말이 생각납니다. 이것 역시 '원치 않는 환자들과 일하기'에 나와 있습니다.

그것은 제가 처음 클리닉에서 일할 때 운 좋게 맞춘 경우입니다. 저는 정신분열증 아동들과 일하다가 모든 종류의 환자들을 다루는 클리닉으로 옮기게 되었습니다. 한 남자는 온 몸이 뒤틀리고 변형된 모습을 하고 있었습니다. 저는 그것이 신체적인 불구가 아니라, 긴장으로 인한 신체 협착인 것을 알아차렸습니다. 그는 빌헬름 라이크가 신체 갑옷이라고 부른 것에 의해 목이 졸리고 질식되고 있었습니다. 그의 성격, 그의 갑옷이 그를 꽉 쥐고 목을 조르고 있었습니다. 정확히는 기억이 나지 않지만 제가 30

대였던 것 같습니다. 그는 일을 하지 못하고 스스로를 돌보지 못하는 장애가 있었습니다. 왜인지는 모르겠지만, 저는 그가 좋았습니다.

저는 어린 소년이었을 때부터 그랬습니다. 동네에서 다른 아이들이 싫어하는 아이들과 어울렸습니다. 물론 좋아하는 아이들과도 어울렸지만, 저는 항상 놀림 당하고 스스로에 대해 기분이 나쁜 아이들에게 남다른 감정을 갖고 있었습니다. 그래서 그들과 친구가 되었습니다. 저는 어렸을 때부터 학교 다닐 때까지 내내 거절당한 아이들과 어울렸습니다. 저는 왠지 모르게 그들에게서 감동을 받았습니다. 그들은 저를 감동시켰는데, 왜인지는 모르겠습니다. 심리치료를 하는 것은 저에게 너무나 자연스러운 일이었습니다. 처음 심리치료를 시작했을 때, 마치 물 만난 고기와도 같았습니다. 제가 살 수 있는 환경을 찾은 것 같았습니다. 훈련 때문도 아니고, 무엇 때문도 아니었습니다. 한 피아노 연주자가 있습니다. 저는 그가 위대하다고 생각합니다. 그는 55세의 나이에 죽었고, 그의 이름은 에롤 가너입니다. 제가 가장 좋아하는 피아노 연주자는 아니지만, 그의 코드를 듣고 있자면 폭포소리 같아서 좋습니다. 그는 악보를 읽을 줄 몰랐습니다. 그는 스스로 피아노를 치는 법을 배웠습니다. 그는 악보도 볼 줄 모르고 훈련도 받지 않았습니다. 음악에 문맹이었습니다. 그러나 그는 어떤 곡도 어떤 음조로도 연주할 수 있었습니다. 한번 노래를 들으면 그 곡을 연주할 수 있었습니다. 그가 다음에 무엇을 연주할지 항상 몰랐기 때문에 베이스 연주자는 미쳐버릴 뻔 했습니다. 그는 영감을 받으면 갑자기 음조를 바꿔서 연주하곤 했습니다. 혹은 다른 곡을 시작했습니다. 그와 함께 연주하는 리듬 섹션은 언제나 새로운 도전이었습니다. 누군가가 그에게 질문하기를, 당신은 악보도 읽지 못하고 배운 적도 없는데, 어떻게 연주가 가능하냐고 물었습니다. 그가 대답하기를 "당신은 어떻게 성적으로 흥분하는 것이 가능합니까?" 그는 그것이 그냥 가능했습니다.

엄마와 함께 살면서 인생에서 아무것도 하지 못하는, 질식된 남자의 이야기로 돌아가겠습니다. 어느 날인가 그는 나와 시선을 마주한 채 자신의 비참한 인생과 주로 나쁜 것들에 대해 이야기하고 있었습니다. 저는 저도 모르게 "당신은 엄마 똥구멍 속에서 사는 걸 멈출 수가 없군요"라고 말했습니다. 그때 마치 뭔가가 '꽉' 하고 터졌습니다. 그는 2개월 안에 엄마 집에서 이사 나왔습니다. 한 가지가 더 있습니다. 말씀 드리는걸 깜빡 했는데, 이것 때문에 제가 그 말을 하게 되었습니다. 가장 중요합니다. 그는 모든 곳에서 똥 냄새를 맡았습니다. 세상은 그에게 똥 냄새가 나는 곳이었습니다. 어디를 가던 간에 문자 그대로 똥 냄새가 났습니다. 그래서 제가 그 순간 "당신은 엄마 똥구멍 속에서 사는 걸 멈출 수가 없군요"라고 말했습니다. 그 말이 어디서 나왔는지는 모르겠습니다. 그냥 일어났습니다. 그것은 특정 순간에 일어난 이상한 일들 중 하나였으며, 큰 영향을 미쳤습니다. 그러나 치료적 영향은 주로 누적되며 점진적입니다. 물론 그 배경에는 우리가 함께 한 시간과 감정들이 있었기에, 그런 말이 가능했을 것입니다.

그 말을 한 이후에 바로 똥 냄새가 없어졌다는 점에서 그 사건은 더욱 극적이었습니다. 거의 평생 똥 냄새를 맡아왔던 그는 그 말 이후에 똥 냄새를 맡지 않고 숨을 쉴 수가 있었습니다. 그것은 짧은 순간 안에 일어난 일이며, '세상에, 항상 이런 일을 할 수 있었으면 좋겠다' 라는 생각이 들었습니다.

저는 어제 조금씩, 견딜 수 있는 만큼만 나누어서 하는 것이 중요하다고 말했습니다. 한꺼번에 할 필요가 없습니다. 할 수 있는 것 이상을 하려고 하면 안 됩니다. 이것에 대한 예가 있습니다. 수잔 데리의 환자입니다. 수잔 데리도 뉴욕과 쌍파울로에서 있었던 비온 세미나에 참석했다는 것을 깜빡했군요. 그리고 수잔이 세미나에서 했던 이야기를 말씀드리겠습니다. 그녀는 사람들이 모이는 자리마다, 그 일에 대한 죄책감에서 해방되고 싶고, 이해 혹은 깨달음을 원한다고 말했습니다. 그녀에게는 만성 정신분열증 환자가 있었습니다. 그 당시에는 좋지 않은 진단이었습니다. 문화적 차이 때문에 제가 뭔가 실례가 되는 말을 할까봐 걱정이 됩니다. 좀 뒤틀린 유머입니다만, 누군가가 우체국에서 일하고 클리닉에 온다면, 그는 만성 정신분열증 환자라는 유머가 있습니다. 그런데 수잔은 위니캇과 상징과 창조성에 대한 재미있는 책을 썼습니다. 그리고 지금 생각이 났는데, 사울 터트만은 그녀의 환자였습니다. 그녀의 피분석자였습니다. 그녀가 먼저였습니다. 그녀는 헝가리 출신이었고, 미국에 오기 전에 헝가리에서 잔디와 함께 공부를 했습니다. 어쨌든 그녀는 매우 탁월했습니다. 그리고 그 정신분열증 환자가 수년에 걸쳐 우체국에서 편지를 분류하는 것과 같은 단순 작업을 통해 스스로 자립할 수 있도록 도와줬습니다. 오랜 시간이 걸렸습니다. 자세한 사항까지는 기억이 나지 않는군요. 10년 정도 걸렸나 봅니다. 수년 전 스팟니츠는 어떤 정신분열증 환자도 첫 5년간은 진정한 변화가 일어나지 않는다고 말했습니다. 최소 5년이 지나야 정말 변화가 일어나기 시작합니다. 그 보다 더 오래 걸리는 것 같지만, 제가 젊은 시절에 큰 위안이 되었던 말입니다. 처음에 변화가 보이지 않더라도, 꾸준히 하세요. 포기하지 마세요. 믿음을 잃지 마세요. 수잔의 환자는 치료실에 들어와서 이제는 사랑을 해보고 싶다고 합니다. 사랑에 빠지고 싶어 합니다. 애인을 원합니다. 수잔은 어찌할 바를 모릅니다. 그는 매우 제한된 성격이었기 때문에 누군가를 사랑하는 게 불가능할 거라고 생각했습니다. 그것은 그녀도 하지 못한 것입니다. 그녀는 성인이었고 아들이 두 명 있었습니다. 한 명은 정신과의사였고, 다른 한 명은 정신분석가였습니다. 그러나 그녀도 사랑이 없었습니다. 있었던 적이 없습니다. 그런데 이 환자가 사랑을 해보고 싶어 합니다. 그녀는 그를 존중해줬습니다. 그를 지지해줬습니다. 그녀는 그를 위해 여전히 그곳에 있지만, 그가 다칠 까봐 두렵고, 또 불가능한 것을 하려고 하는 그가 그 아픔을 어떻게 감당할지 불안합니다.

기적이 일어났습니다. 15년 20년 정도 걸렸나 봅니다. 그는 누군가와 사랑에 빠졌고, 누군가가 그와 사랑에 빠졌으며, 그들은 결혼을 했습니다. 그는 신혼여행을 떠났고, 환희에 찼습니다. 그는 스스로 포기한 적이 없습니다. 치료자는 포기했었습니다. 정말 놀라운 기적입니다. 그는 신혼여행을 가서 심장마비로 죽었습니다. 그의 심장이 터졌습니다. 기쁨으로 그의 심장은 터졌고, 그는 죽었습니다. 그리고 수잔은 이에 대해 무력감을 느꼈고, 그 사실이 익숙해질 때까지 이야기를 계속해서 했습니다.

최근 임상에서 경험했던 두 개의 사건을 여러분과 나누고 싶습니다. 7월에 있었던 일입니다. 사례가 아닙니다. 작은 사건이지만, 그것은 정신분석이 지지를 필요로 하는 사람들에게 얼마나 융통성이 있는지를 보여줍니다. 그것은 정말 유연할 수 있으며, 그곳에서는 반영하는 상상력과, 심장과, 영혼과 마음에서 나오는 말들을 할 수 있습니다. 더 이상 하지 못할 말이 거의 없습니다. 저는 분석가가 내부로부터 나오는 것과 자신을 계속 사용하는 것을 지지하는 편입니다. 분석가가 계속해서 자신을 사용하면, 느끼는 것은 스스로 살아납니다. 그것은 발달합니다. 하나의 작은 사례입니다. 만성적인 환자였던 그렉이 들어옵니다. 그와 함께 한 수년 동안에, 그는 결혼을 했고 자녀도 가졌습니다. 치료를 시작했을 당시 그는 홀로 아파트에 살고 있는 컴퓨터 프로그래머였습니다. 그는 기업체를 위한 프로그램을 개발하는 일을 했고, 사람을 거의 만나지 않는 고립된 삶을 살고 있었습니다. 작은 아파트에서 혼자 살고 있는 사장님이었습니다. 그는 누군가를 만났고, 그들은 결혼하고 함께 있기 위해 서로의 성격에 맞추는 법을 배워야 했습니다. 두 사람 모두 알코올 중독 전력이 있었고, 술을 끊은 지 오래된 상태였습니다. 그는 꿈을 꾸었습니다. 그에게는 시적인 면이 있습니다. 그는 근본주의 신자가 아니라, 소위 성령이 충만한 크리스챤이었습니다. 교회를 다니지는 않습니다. 주님은 그 안에 살아있습니다. 그는 예수님과 좋은 관계를 갖고 있습니다. 그리고 그는 개신교도이면서도 가톨릭서적을 읽는 편입니다. 그는 체스터튼을 매우 좋아합니다. 어느 날 꿈을 가지고 옵니다. 수십 년간 보지 못했던 죽은 친구에 대한 꿈입니다. 친구는 오래 전에 죽었는데, 한 동안 그에 대해 생각해보지 않았는데, 갑자기 꿈에 나타난 것입니다. 그 친구를 해리슨이라고 부르겠습니다. 꿈속에서 해리슨은 잘 지내며 건강합니다. 현실에서 그는 화를 잘 내는 자기 파괴적인 인물이었습니다. 그는 생명력으로 가득했지만, 자기 파괴적이었습니다. 생명 느낌이 그에게는 해로웠습니다. 생명이 어떻게 자신에게 해로울 수 있는가라는 의문이 드신다면, 서양 문학이 어떻게 시작되었는지를 생각해보세요. 신경증 환자인 도둑 때문에 전쟁이 일어납니다. 누군가가 다른 사람의 여인을 훔친 일로 인해 그리스와 트로이 사이에 전쟁이 일어납니다. 어쨌든 해리슨은 죽었습니다. 그 역시 알코올 중독자였고, 자신의 생명 본능에서 살아남지 못했습니다. 그렉이 해리슨 이야기를 할 때, 저는 말로 잘 표현은 못하겠지만, 그 꿈이 해리슨을 존중할 수 있는 기회를 주고 있다는 생각이 들었습니다. 그 꿈이 해리슨의 실패한 인생을 존중하고 있다는 말입니다. 꿈속에서 해리슨은 훨씬 좋아 보입니다. 보통 저는 그렉 안에 뭔가 변화가 일어났고, 좋아지고 있으며, 덜 병적이고, 덜 자기 파괴적이 되고 있다고 이해할 것입니다. 그것이 해리슨이 호전되었다는 것을 통해 나타납니다. 끔찍했던 부모가 꿈속에서 좋아지는 현상이 종종 일어납니다. 그것은 자신 안의 무엇인가가 좋아졌다는 것을 뜻합니다. 자신의 감정이 좋아지고 있습니다. 덜 자기 혐오적이 되고 있습니다.

물론 저는 마음속으로 '오 이 꿈은 해리슨의 실제 모습에 비해 훨씬 좋아졌기 때문에 그렉이 덜 자기 혐오적이 되었네'라고 생각했습니다. 그러나 저는 그 말을 하지 않았습니다. 제 입에서는 다른 말이 나왔습니다. 제가 한 말은, 해리슨이 꿈에 나타난 것은 꿈이 그를 존중하기 위해서이다. "당신은 해리슨의 인생에 존중을 표하고 있습니다. 꿈은 해리슨의 인생을 존중해주고 있습니다. 그리고 당신이 해야 할 일은 꿈을 존중하는 것입니다. 그것이 해리슨의 인생을 존중하는 것입니다." 그는 말하기를, 해리슨이 그에게 나타났고, 해리슨을 보고 자신을 봄으로써 뭔가가 완결되는 느낌이 들었다고 했습니다. 이것이 그 에피소드였습니다. 별 게 아닌 것으로 들릴 수도 있지만, 뭔가가 일어난 것입니다.

쉬는 시간 이후에 작은 사례를 하나 더 다루고 질문을 받았으면 좋겠습니다. 누군가가 질문을 하셨는데, 꿈을 존중한다는 것이 무엇인지 잘 모르겠다고 합니다. 제가 환자의 꿈을 존중하는 것입니까? 아니면 무엇입니까? 정확히는 말씀을 못 드리지만, 분명히 하고 싶은 것은 꿈이 친구의 인생에 존중을 표하고 있고, 환자가 그 꿈을 존중해주어야 한다는 것입니다. 제가 꿈을 존중하는 것이 아닙니다. 물론 존중합니다. 꿈의 의미는 환자가 꿈이 만들어낸 것을 존중해야 한다는 것이었고, 그 순간에 완결에 도달하는 효과가 있었습니다.

물론 여러 가지 혼란스러운 부분들이 있을 것입니다. 다행히 지금 세미나가 녹화되고 있으니, 필요하신 분들은 다시 보면 좋겠습니다. 여러 사례들이 있지만, 한 가지만 고르겠습니다. 왜인지는 잘 모르겠습니다. 무엇인가가 깊이 느껴지고, 저를 두렵게 만든 사례입니다. 최근 6월 달에 있었던 일인데, 성인이 된 이후로 계속 치료를 받아왔던 한 여성입니다. 그녀의 치료자들 중에는 뉴욕에서 가장 유명한 정신분석가들도 포함되어 있습니다. 이것이 무슨 의미를 갖는지는 잘 모르겠지만, 그녀는 정신분석가가 아닌 심리치료사입니다. 그녀는 매우 성공적으로 임상 클리닉을 운영하고 있었습니다. 매우 열심히 일했습니다. 하루에 22시간 동안 환자를 보는 것 같았습니다. 잘은 모르지만 밤낮으로 일했습니다. 그녀는 자신의 모든 치료자들과 잠자리를 함께 했습니다. 각자만의 이야기가 있습니다. 그리고 결국 그 중 하나와 결혼을 했습니다. 끝에서 세 번째와 결혼을 했습니다. 자기 심리학자였습니다. 저는 자기 심리학을 좋아하고 있고, 코헛이 1971, 1977년도에 쓴 책들을 읽고 많은 것을 얻었습니다. 좋은 책이었습니다. 그리고 저의 가장 친한 친구 몇 명도 자기 심리학자입니다. 그러나 세상에 공감 심리학이 그렇게 될 줄은 몰랐습니다. 맙소사. 그러나 이것은 인간이 가지는 상태 중 하나이며, 우리는 최선을 다합니다. 어쨌든 그녀는 이 자기 심리학자와 결혼을 했습니다.

제 아내는 제가, 자신의 모든 치료자들과 잠자리를 한 여성을 보고 있다는 것을 탐탁지 않게 생각했습니다. 저는 개인적으로 그 여성에게 그다지 매력을 느끼지 않았습니다. 제 취향이 아니었습니다. 그러나 빠져들 수도 있는 순간들은 있었습니다. 매순간 어떤 호소력을 느꼈고, 특정한 필요가 느껴지는 순간들이 있었으며, 감정이 마치 스펀지처럼 흡수되는 것이 느껴졌습니다. 분비물이 나오는 것이 느껴졌고, 물론 그것을 다루어야 했습니다. 그녀를 처음 보았을 때는 잘 몰랐지만, 그녀가 만들어내는 대기를 경험하고 나서야 저는 왜 그녀의 모든 환자들이 그녀와 잠자리를 했는지 알게 되었습니다.

그녀가 결혼 한 후에, 저를 만나기 전에 보던 치료자는 훈련받은 분석가였습니다. 그는 정신분석 연구소를 설립했습니다. 그는 뉴욕에 있는 한 정신분석 연구소의 소장입니다. 별 볼일 없는 사람이 아닙니다. 그는 뉴욕에서 가장 유명한 사람 중의 하나입니다. 나이가 지긋하고 모두에게서 존경받는 사람입니다. 그녀는 그를 만났는데, 그들은 잠자리를 같이 하지 않습니다. 저 외에 그녀와 잠자리를 하지 않은 유일한 사람입니다. 그와 그녀는 드디어 그녀의 모성적 욕구들이 충족되는 상황을 만들어냈습니다. 그는 그녀가 항상 원하던 것을 주는 좋은 엄마가 되었습니다. 원하는 만큼의 회기를 주었고, 회기 중간에 전화통화도 했습니다. 그는 그녀에게 모든 것을 공급해주고, 그녀의 상처들을 돌보면서 그녀의 박탈과 나쁜 엄마를 치료했습니다. 그런데 어느 날 그가 갑자기 치료를 중단했습니다. 여러 가지 요소가 갑자기 일어났습니다. 저번에 말씀 드렸지만, 언제나 한 가지만이 아닙니다. 항상 수많은 요소들이 발생합니다. 프로이트는 이 점을 분명히 말했습니다. 그리고 그것은 옳습니다. 멜라니 클라인 역시 이것을 분명히 말하고 있습니다. 모든 것은 마치 수많은 물리적 과정들로 이루어져 있습니다. 한 가지를 보면 그것을 구성하는 다른 여러 가지가 보입니다. 어쨌든 거의 도덕적인 정신분석적인 초자아가 일어나서 말하기를, "우리가 하고 있는 것은 정신분석이 아니야! 만약 더 나아가고 싶다면 카우치를 사용해야 해!"라고 말합니다. 그들은 마주보며 치료를 하고 있었습니다. 그녀는 카우치를 사용하고 싶지 않았습니다. 그녀는 자신의 방식대로 부서지기 쉬웠고, 소위 경계선 성격을 갖고 있었는데, 사실 그들은 약하게 보이지만, 결코 그렇지 않습니다. 경계선 성격의 소유자들에게는 집요함이 있습니다.

그는 이것이 정신분석이 아니라고 말합니다. 더 나아가 카우치를 사용해야 한다고 말합니다. 그들은 이미 일주일에 여섯 번 만나고 있었고, 가끔 일요일에도 전화통화를 했습니다. 그리고 그녀는 카우치를 사용하고 싶어 하지 않았습니다. 그는 그녀에게 다른 말들도 합니다. 마치 만화경 같습니다. 만화경을 돌리면, 다른 것들이 보이지만 모든 그림은 하나입니다. 그는 그때 그녀에게 자신의 꿈 이야기를 했는데, 꿈속에서 성적인 어떤 것을 하고 있었다고 말합니다. 그는 아내에게도 그 꿈 이야기를 했는데, 아내는 더 이상 그녀를 보지 않았으면 합니다. 그는 그녀에게 카우치를 사용하라고 하면서 아내가 더 이상 그녀를 보지 말라고 한다고 말합니다. 그리고 그는 잠옷을 입은 채 회기에 옵니다. 회기가 있다는 것을 잊었습니다. 신문 배달부가 온 줄 알고 그는 잠옷을 입은 채 현관문을 엽니다. 그녀는 매우 당황합니다. 어찌할 줄을 모릅니다. 결론만 말하자면, 그는 그녀를 쫓아냈습니다. "더 이상 당신을 보지 않겠습니다"라고 말하면서 쫓아낸 것이 아니라, 그녀가 더 이상 머무를 수 없는 상황을 만들어서 쫓아낸 것입니다.

이것은 우리가 환자를 쫓아내는 한 가지 방법입니다. 그들이 더 이상 머무를 수 없는 상황을 만듭니다. 가끔 환자들은 정말 스스로 떠납니다. 실제 그런 일이 있습니다. 그러나 우리는 종종 무슨 이유이던 간에 환자들을 몰아냅니다. 그들이 더 이상 머무를 수 없는 상황을 만듭니다. 최소한 그들은 아마도 자신들이 결정을 하고 떠난다고 느낄 것입니다. 이점이 있긴 있습니다. 이것 역시 여러 해 전에 스팟니즈 집단에서 배운 것입니다. 그러나 그녀의 경우, 떠나는 것에 대해 좋은 느낌을 가진 것이 아니었습니다. 그녀는 떠나는 것에 대해 참담함을 느꼈습니다. 비온의 사례에서처럼, 희망이 생겼다가 산산이 부서지는 느낌을 받았습니다. 그것이 여러 해 동안 그에게서 일어난 일입니다. 항상 갈구하던 좋음을 조금 맛본 다음, 그것이 산산이 부서지고, 그것을 빼앗긴 그녀는 이전보다 더 불안하고 우울해졌습니다.

여기에 여러분과 함께 있는 동안, 강조하고 싶은 것이 있습니다. 환자의 의존성을 이끌어낸 다음에, 그것에 대응하지 못하고 그것을 산산이 부수는 일이 이 분야에서 반복되고 있습니다. 자신이 충족시켜줄 수 있다는 생각에 환자의 어떤 필요나 소망을 끌어내지만, 사실은 그것을 충족시켜줄 자원이 없고, 결국 공급을 끊는 바람에, 환자는 내리막을 걷게 됩니다. 저는 위니캇학파의 치료자들에게서도 이런 모습을 보았습니다. 그들은 의존성을 이끌어내지만, 그것을 지지할 자원이 없어서 결국은 그들을 잘라버립니다. 그래서 제가 말씀드린 것처럼, 조금씩 나누는 것이 낫습니다. 너무 많은 것을 하려고 하지 마세요. 환자에게서 너무 많은 것을 바라지 마세요. 자연스럽게 하세요. 모든 것에는 양면의 리듬이 있습니다. 의존성이 있고, 독립성이 있습니다. 이것들을 함께 사용해야 합니다. 모든 것을 존중하세요. 모든 경향들을 존중하세요. 의존성을 가지고 무엇을 할 필요가 없습니다. 목소리를 낼 필요가 있는 여러 경향성들을 지지해줘야 합니다. 그래야 균형을 이룹니다. 「정신적 죽음」의 서론에는 매우 유명하고 존경 받고 훌륭한 분석가를 찾아간, 한 여성의 사례가 나옵니다. 그 분석가는 그녀의 모든 정신적 허기를 이끌어냈습니다. 갑자기 그녀는 식욕 부진이 되었습니다. 그녀는 먹지 않았고 점점 말라서 35킬로도 채 되지 않았습니다. 마치 시체 같았습니다. 그는 겁을 집어 먹고 도망쳤습니다. 그는 자살의 책임을 지고 싶지 않았습니다. 그는 죽음에 대한 책임을 지고 싶지 않아서, 그녀를 쫓아버렸습니다. 바로 그렇게 말입니다. 그의 변명은 다음과 같습니다. "당신의 병이 그렇게 깊은 줄 몰랐습니다. 그렇게 깊은 줄 알았다면 처음부터 받지도 않았을 것입니다."

정신분석가가 지키지 못한 정서적 약속들과 그것이 환자의 인생이 미친 영향에 대해 제가 알고 있는 모든 사례들에 대한 폭언을 줄줄이 늘어놓기 전에, 얼른 말씀 드리던 사례로 돌아가는 것이 좋겠습니다. 환자들과 비밀 약속 혹은 숨겨진 약속을 하지 않는 편이 좋습니다. 절대 약속을 하지 마세요. 어느 한 이론에 너무 집착하지 마세요. 어느 한 견해에 매달리지 마세요. 모든 견해들은 인간 본성의 다른 부분들을 다루고 있습니다. 자신의 방식에 너무 집착하지 마세요. 각자 사람들에게 그리고 자신에게 펼쳐지는 일들을 지켜보세요. 정서적 약속이 지켜지지 않고, 그 결과가 참담했던 사례들을 줄줄이 늘어놓기 전에, 그만 하도록 하겠습니다. 이것은 그녀의 남편에 대한 이야기입니다. 그는 공감하는 자기 심리학자인줄 알았더니, 실은 통제 욕구와 지배 욕구에 광적으로 집착하고 있는 사람이었습니다. 그는 결혼 생활의 모든 것들을 통제해야 했습니다. 그는 교외에 살기를 원했습니다.

대저택의 남작이 되기를 원했습니다. 그들의 삶의 부분 부분마다 간섭을 해야 합니다. 그는 그들이 어디에서 어떻게 살 것인지를 지시했습니다. 무의식적으로, 그는 소위 그녀가 그와 해결하지 못한 전이, 또는 그녀의 의존성을 이용했습니다. 그리고 한동안 그녀에게는 자신만의 마음이 없었습니다. 그리고 자신을 더 이상 원하지 않는 치료자에게서 버림받은 외상으로 인한 충격으로 그녀는 산산이 부서져 너덜너덜해졌고, 그로 인해 저를 찾게 되었습니다. 뉴욕에는 남들이 원하지 않는 환자들과 일을 하는 평판을 가진 몇 명의 치료자들이 있는데, 그 중 하나가 저였기 때문입니다. 제가 하고 싶은 이야기를 다 하지 못할 수도 있지만, 재미난 이야기가 있습니다. 한 여성 환자와 그녀와 작업하고 싶지 않은 두 명의 분석가가 있었습니다. 그녀는 희망이 없는 사례였습니다. 매우 화가 나있고, 매우 똑똑한 그녀는 저에게 왔습니다. 저는 그녀가 계속 있을지 아니면 떠날지 알지 못했습니다. 결국에는 떠났지만, 한 동안은 머물러 있었습니다. 딸도 데려왔고, 참 예쁜 딸이라는 말도 해주었습니다. 그녀는 매우 영리했습니다. 그녀는 뉴욕시 학생 지도를 총괄하는 교육계의 중책을 맡고 있었습니다. 도시 전체를 책임지고 있었습니다. 그녀는 총명하지만 우울한, 정신증적 우울증 환자였습니다. 온갖 약을 다 먹고 있었습니다. 어느 날 전화가 왔습니다. 전화를 한 사람은 저를 추천한 이전 분석가였고, 그는 계속해서 그녀에게 미납 치료비에 대한 청구서를 보냈습니다. 그녀는 마지막 몇 개월 치를 지불하지 않았습니다. 그래서 그는 계속 청구서를 보냈습니다. 그리고 어느 날 '사망'이라고 적힌 편지를 받았습니다.

제 과거를 돌이켜보면 거절당한 환자들을 많이 받은 것이 사실이지만, 정확한 것은 아니지만, 지난 15년간 점점 분석가 환자들이 많아졌습니다. 그래서 지금은 환자의 절반 이상이 분석가이고, 이전처럼 끔찍한 사례들이 많지 않습니다. 물론 있기는 있습니다. 그런데 방금 말한 그 남자가 전화를 했습니다. 그것은 마치 분석을 통해 그녀가 돈을 지불하도록 저항을 해결하는 것이 제 책임이라도 되듯이, 밀린 돈을 받을 수 있도록 도와달라는 전화였습니다. 물론 전화할 생각도 안 했습니다. 그리고 그 '사망' 편지를 받은 후에 다시 전화가 걸려왔습니다. 그는 말하기를, "정말 유감스럽습니다. 환자가 자살을 했다고 들었습니다." 저는 어떻게 생각해야 할지를 몰랐습니다. 처음 듣는 소식이었습니다. 환자가 저를 떠난 지 시간이 꽤 흐르고 나서였습니다. 그녀는 왜 자살을 했을까? 물론 자살을 할 확률은 있었습니다. 심각한 우울증이 있었습니다. 저는 당황했지만, 그녀의 이전 분석가의 말투가 마음에 들지 않았습니다. 그는 너무나 잘난 척을 하고 있었습니다. 성공과 자만심으로 가득한 사람이었습니다. 마치 자신의 청구서가 이 세상에서 가장 중요한 듯 했습니다. 그리고 이제 와서 유감스럽다고 합니다. 저는 당황스러웠습니다. 이에 대해 고뇌하기 시작했습니다. 일단 아내에게 제 이전 환자가 자살을 했을지도 모른다고 말했습니다. 그리고는 어느 날 아침 문득 그녀에게 전화를 해보아야겠다는 생각이 들었습니다. 갑자기 일어나서 그녀에게 전화를 했는데, 응답이 없었습니다. 그리고는 누군가가 전화를 받았다가 끊었습니다. 몇 분 후에 전화가 걸려왔고, 전화를 받자 끊었습니다. 그래서 저는 그녀가 살아있다는 것을 알았습니다. 그녀의 비언어적 의사소통이었습니다. 우리는 어떤 형태로 의사소통을 하게 될지 알지 못합니다. 저에게는 새로운 소식이었습니다. 새로운 방식의 의사소통이었습니다. 그러나 저는 속으로 그녀가 살아있다는 것을 금방 알 수 있었습니다. 그녀는 그를 골탕 먹이고 있었습니다. 그 후 2개월이 지나서 그녀의 이전 분석가에게서 전화가 왔는데, 그는 분노로 가득 차 있었습니다. 그가 말하기를 "그녀가 살아있다는 것을 알았습니까?" 물론 저는 알고 있었지만, 시치미를 떼고 말했습니다. "세상에, 워런." 저는 통쾌했습니다. 이런 행동을 사람들은 뭐라고 할지 모르겠습니다. 사람들은 이렇게 하는 것을 자아라고 부릅니다. 물론 자아는 그것보다는 훨씬 더 깊은 것입니다.

다시 사례로 돌아가겠습니다. 시간이 많지 않기 때문에 짧게 말씀드리겠습니다. 그 여성은 저와 치료를 시작했고, 15년 정도 함께 했습니다. 그녀는 좋아졌습니다. 조금씩, 조금씩 자신의 마음을 되찾았습니다. 그리고 자신의 마음을 되찾자, 모든 것을 통제하는 남편과 더 이상 함께 살고 싶은 마음이 없어졌습니다. 그녀를 위한 공간이 충분하지 않았습니다. 사실 그가 내린 실질적 결정들은 모두 잘못 되었습니다. 그들이 내린 결정들은 모두 인생의 재앙이었고, 그는 항상 그녀의 조언을 무시했으며, 결국에는 그녀가 항상 옳은 것으로 드러났습니다. 그녀는 세상 돌아가는 것에 대한 감각이 그보다 뛰어났습니다. 그녀는 조금씩 자신에 대한 믿음이 생기면서, 달라질 수 있다는 가능성을 보았습니다. 그리고 제가 여기 오기 위해 떠나는 시점에, 그녀는 그를 버리고 그녀가 살고 싶어 하는 도심으로 돌아가는 것을 고려하고 있었습니다. 그곳이 낫습니다. 이 경우, 모든 사람들에게 그런 것은 아니지만, 그녀의 경우에는 교외보다는 도시가 낫고, 그곳에 그녀가 좋아하는 모든 것들이 있습니다. 그녀는 그를 버리고 뉴욕으로 돌아가 인생의 다음 단계를 시작할 기로에 있었고, 저는 그녀의 용기와 의지와 자신의 삶을 살고자 하는 소망을 지지해주었습니다. 아동치료에서 볼 수 있듯이, 아이가 좋아지면 부모가 악화되는 경우가 있습니다. 그녀가 좋아지자, 남편이 미쳐가기 시작했습니다. 이기적이고 지배적인 그가 미쳐가기 시작했습니다. 그는 더욱 우울하고 의기소침해지고 무력해졌습니다. 그녀 없이는 아무것도 할 수가 없었습니다. 그는 "당신이 필요해. 당신 없이는 아무것도 할 수 없어"라고 말했습니다. 그리고 점점 무능력자가 되어갑니다. 제 환자가 아니었기 때문에, 제가 관심을 가질 필요는 없습니다. 그러나 저는 그녀와 함께 시도를 했고, 그가 다시 치료를 받게 하는데 성공을 했습니다. 그는 자신의 학파 바깥의 인물에게 치료를 받고 있습니다. 그리고 그녀는 희망으로 가득한 채, 삶의 새로운 단계를 시작하려고 하고 있습니다. 그러나 제가 하고 싶은 이야기는 이것이 아닙니다. 그녀와 함께 했던 회기의 일부를 읽어드리겠습니다.

시간이 충분치 않기 때문에 많이 생략하겠습니다. 저는 마음속으로 우리 사이에 일어난 이 작은 사건을 '깨어짐'이라고 부릅니다. 우리는 오랫동안 함께 했기 때문에 그녀의 경계선적 민감성과 관련된 많은 것들을 겪었습니다. 어느 회기에 저는 바보같이 긴장을 풀어도 되겠다고 생각했고, 이것은 여러분과도 관련이 있습니다. 서울과 관련이 있습니다. 이 집단과 관련이 있습니다. 이번 여행과 관련이 있습니다. 그래서 여러분 탓이기도 합니다. 저는 판단착오를 했습니다. 회기에 있는 동안 생각이 슬며시 다른 곳을 헤맵니다. 그녀는 이런저런 자신에게 중요한 이야기들을 하고 있었습니다. 좋은 이야기였고, 중요한 이야기였습니다. 그런데 저의 마음은 이번 여행을 생각하고 있었습니다. 저는 초대에 잘 응하지 않기 때문에, 이번 일은 저에게 매우 커다란 일입니다. 여기저기서 초대는 수없이 받지만, 아주 소수만을 받아들입니다. 제 안의 무언가가 "이번 건은 하고 싶다"라고 말했습니다. 도나 때문이었는지도 모릅니다. 세계 다른 곳에 간다는 것 때문이었는지도 모릅니다. 아시아의 도교와 불교문화 때문이었는지도 모릅니다. 어쩌면 제가 이 세상에 머무를 날이 얼마 남지 않아서인지도 모릅니다. 뭔가 달랐습니다. 그래서 여행에 대한 생각에 빠져 있었습니다. 그리고 여행에 대해 걱정을 하고 있습니다. 저는 사고뭉치 입니다. 여행을 가면 잘 다칩니다. 다치지 않으면 병이 납니다. 병이 걸릴까봐 걱정이 됩니다. 첫날 소장님을 만나서 길거리에서 파는 음식에 대해 물었습니다. 제 아들은 다 먹어보는 걸 좋아합니다. 저건 먹어도 됩니까? 안전합니까? 물은 마셔도 됩니까? 잘 모릅니다. 그래서 다칠까봐, 병이 날까봐, 걱정을 하면서 여행 생각을 하고 있었습니다. 그곳은 어떤 곳일까? 그곳에 대한 나의 환상은 무엇인가? 내가 원하는 것은 무엇인가? 나는 왜 이걸 한다고 했을까? 여행 날짜가 다가오자 점점 걱정만 되고, 가고 싶은 마음은 없어집니다. 이 모든 생각에 빠져서 그녀 생각은 하지 않고 있었습니다. 떠돌고 있었습니다. 난데없이 그녀는 저에게 "지금 무슨 생각하세요"라고 묻습니다. 그리고 말해달라고 조릅니다. 그녀를 보고 있자니 말해도 될 것 같습니다. 그녀는 자신의 마음이 있고, 저도 저만의 마음이 있습니다. 그녀는 제가 공유를 해도 괜찮을 지점에 도달한 것처럼 보였습니다. 그래서 저는 긴장을 풀고 그 말에 빠져들었습니다. "곧 떠날 여행 생각을 하고 있었습니다." 그녀에게 말해도 괜찮다는 생각이 왜 들었는지는 모르지만, 여행생각을 하고 있다고 말해버렸습니다. 어쩌면 해도 되겠다는 유사 친밀감 때문이었는지도 모릅니다. 그녀는 미쳐버리려고 했습니다. 폭발했습니다. 분노했습니다. 제가 항상 알고 있던 오래 된 분노로 가득해서, 저를 공격하기 시작했습니다. 제가 그렇게 했다는 것을 믿을 수 없다고 합니다. 자신은 지금 깊은 진실된 이야기를 하고 있는데, 여행 생각을 하다니. 감히 어떻게 자신에게 집중을 안 할 수 있단 말입니까?

이것은 비온의 사례와도 비슷합니다. 좋음, 좋음, 좋음이 있습니다. 그러다가 뭔가 잘못됩니다. 그리고 끝장이 납니다. 매우 비슷합니다. 이 영역과 관련해서 평생 동안 계속되는, 위니캇이 일차적 모성 몰두라고 부른 것이 있습니다. 위니캇에 의하면, 첫 3개월간은 엄마의 모든 관심이 아기에게 집중됩니다. 그녀의 존재는 아기의 존재와 묶여있고, 이 경우에도 그렇습니다. 엄마의 관심이 손상을 입었고, 그래서 아기는 평생 동안 그것을 얻는 것에 집착합니다. 그리고 우리는 서로에게 어떠한 방식으로든 일차적 모성 몰두와 같은 것을 제공하려고 합니다. 그러나 이것은 발달과 진화를 겪으면서, 원시적인 상태에서 벗어나 훨씬 더 세련된 상태가 됩니다. 어쨌든, 그녀는 자신의 인생과 자신이 했던 이야기들에 대한 코멘트를 요구했는데, 저는 대답을 하지 못합니다. 저는 마비가 됩니다. 백지 상태가 됩니다. 그녀가 했던 모든 말들에 대해 할 말이 없습니다. 우리는 수백만 번 같은 이야기를 했고, 그녀는 이제 새로운 시도를 하려는 기로에 있습니다. 저 역시 새로운 것을 하려고 하고 있으니 압박을 느끼지 않을 수 없습니다. 저는 무슨 말을 해야 할지를 몰라서, 아무 말도 하지 않습니다. 그녀는 회기를 이런 식으로 끝낼 수 없다고 하면서, 저에게 과제를 내줍니다. 오늘 일어난 일들에 대해 생각해보고, 그것의 동기와 무의식적 이유들을 다음 회기까지 알아오라는 것입니다. 과제입니다. 저는 스스로 분석해서 발견한 것을 그녀에게 보고해야 합니다. 그래서 저는 일주일 동안 생각해보았지만 떠오른 것이 없었습니다. 스스로 할 말이 없었습니다. 제 자신도 왜 그랬는지 잘 모르겠습니다. 다만 한 순간에 빠져들어서, 대가를 치른 것 밖에 없습니다. 다음 회기에서 그녀는 무엇을 알아냈느냐고 묻습니다. 무엇을 배웠습니까? 무엇을 알아냈습니까? 저의 대답에는 만족할 만한 것이 없었습니다. 그녀가 원하는 해석이나 이해 같은 것이 없었습니다. 그러나 뭔가가 일어났습니다. 어느 날 밤 저는 갑자기 무언가 깊은 것이 느껴졌습니다. 무엇인지는 모르겠습니다. 우리의 곤경에 대해 더 깊이 느꼈습니다. 그녀가 무엇을 달라고 하지만, 저는 장님인 것처럼 느껴졌습니다. 자원을 가지고 있지 않습니다. 그녀가 필요로 하는 것이 제게는 없고, 지금 일어나고 있는 것보다 더 깊은 비극이 일어나고 있다는 생각에 깊은 슬픔, 비애, 비탄이 느껴졌습니다.

다음 회기를 앞두고 저는 괜찮아졌습니다. 비록 어떤 느낌인지는 잘 모르지만, 뭔가 깊은 것을 느꼈기 때문에 더 이상 두렵지 않았습니다. 이것이 매우 중요합니다. 우리는 자주 뭔가를 느끼지만 그것이 무엇인지 모르는 것이 중요합니다. 그것이 무엇인지에 대해 너무 열심히 생각하지 마세요. 그것을 존중하세요. 그게 무엇인지는 잘 모르지만, 무언가를 느끼고 그녀를 만날 수 있어서 기뻤습니다. 제 행동에 대한 해석을 하지 않자, 그녀는 우리 사이가 틀어졌다고 하고 뭔가 잘 안 맞는다고 말합니다. 그리고 자신의 인생의 어느 부분들이 틀어졌다고 합니다. 결혼에서도 일에서도 친구들 사이에도 말입니다. 그녀는 제가 그것을 고쳐주고, 자신을 고쳐주기를 원합니다. 하지만 그녀는 자신이 남편과 환자들과 부모와 가족과 엄마와 자매들과 아빠를 고치고 싶어 합니다. 그들을 모두 고치고 싶어 합니다. 인생을 고치고 싶어 합니다. 삶에서 뭔가가 망가졌습니다. 그녀는 고치고 싶어 합니다. 저는 그녀를 바라봅니다. 그리고 저의 느낌이 말을 합니다. "나는 망가졌습니다." 그녀가 말하기를, "당신을 고치고 싶습니다." 저는 대답하기를, "나를 고쳐질 수 없습니다." 그리고 그것이 저의 진심이었습니다. "당신이 머물던 떠나던, 저는 고쳐질 수 없습니다. 당신이 무엇을 하던 간에, 저를 고칠 수 없습니다." 진심입니다. 그녀는 눈물을 흘립니다. 그녀는 항상 삶의 일부인 고장 난 것을 고치려고 했습니다. 그녀가 울기 시작하고, 조금 후에 저는 말합니다. "당신은 삶의 일부분인 고장 난 것을 항상 고치려고 하고 있습니다. 그러나 저(치료자)의 고장 난 심장의 한 가운데에는 황금빛으로 빛나는 지점이 있습니다."

다음 회기에 그녀가 왔을 때, 저는 그녀 안에서 심오한 느낌과 변화를 볼 수가 있었습니다. 그녀는 존재감으로 가득했습니다. 그녀는 무겁지 않고 자유로웠습니다. 그녀는 더 나아졌고 좋아졌다고 느꼈습니다. 그리고 우리 두 사람 모두는 깊은 안도감을 느꼈습니다. 사무실에 오는 길에 뭔가가 일어났습니다. 매우 감동적입니다. 제 사무실에서 길 모퉁이를 돌면 유대교 교회가 하나 있습니다. 그녀는 유대인이 아닙니다. 아르메니아 가톨릭 신자입니다. 그 사원에는 예언자 중 한명인 미가의 격언이 새겨져 있습니다. 사원에 새겨진 격언은 '하나님이 당신에게 원하는 것은 정의를 행하고, 자비를 사랑하며, 하나님과 겸손히 함께 걷는 것뿐입니다' 입니다. 그녀는 사무실에 오는 길에 그것을 처음 보았다고 말했습니다. 그리고 그렇게 아름다운 말은 들어본 적이 없다고 했습니다. 끝.

한국심리치료연구소 총서

한국심리치료연구소는 한국심리치료 분야의 질적 향상을 위해서 이 분야의 고전 및 최신 서적들을 우리말로 번역 출판하고 있다. 본 연구소는 순수 심리치료 분야와 기독교 신앙과 관련된 심리치료 분야의 책들을 출판하며, 순수 심리치료 분야의 책들은 대상관계이론과 자기심리학을 포함한 현대 정신분석이론들과 융 심리학에 관한 서적이다.

순수 심리치료 분야

놀이와 현실
Playing and Reality
by D. W. Winnicott / 이재훈

울타리와 공간
Boundary & Space
by D. Wallbridge
& M. Davis / 이재훈

유아의 심리적 탄생
Psychological Birth
of the Human Infant
by M. Mahler & F. Pine / 이재훈

꿈상징 사전
Dictionary of Dream Symbols
by Eric Ackroyd / 김병준

그림놀이를 통한 어린이 심리치료
Therapeutic Consultation
in Child Psychiatry
by D. W. Winnicott / 이재훈

자기의 분석
The Analysis of the Self
by Heinz Kohut / 이재훈

편집증과 심리치료
Psychotherapy
& the Paranoid Process
by W. W. Meissner / 이재훈

멜라니 클라인
Melanie Klein
by Hanna Segal / 이재훈

정신분석학적 대상관계이론
Object Relations
in Psychoanalytic Theories
by J. Greenberg & S. Mitchell / 이재훈

프로이트 이후
Freud & Beyond
by S. Mitchell & M. Black
/ 이재훈 · 이해리 공역

성숙과정과 촉진적 환경
Maturational Processes
& Facilitating Environment
by D. W. Winnicott / 이재훈

참자기
The Search for the Real Self
by J.F. Masterson / 임혜련

내면세계와 외부현실
Internal World & External Reality
by Otto Kernberg / 이재훈

자폐아동을 위한 심리치료
The Protective Shell in Children and
Adult by Frances Tustin / 이재훈 외

박탈과 비행
Deprivation & Delinquency
by D. W. Winnicott / 이재훈 외

교육, 허무주의, 생존
Education, Nihilism, Survival
by D. Holbrook / 이재훈 외

대상관계 개인치료 I · II
Object Relations Individual Therapy
by Jill Savege Scharff & David E.
Scharff / 이재훈 · 김석도 공역

정신분석 용어사전
Psychoanalytic Terms and Concepts
Ed. by Moore and Fine / 이재훈 외

하인즈 코헛과 자기심리학
H. Kohut and the Psychology of the
Self
by Allen M. Siegel / 권명수

대상관계 부부치료
Object Relations Couple Therapy
by Jill Savege Scharff & David E.
Scharff / 이재훈

대상관계 이론과 임상적 정신분석
Object Relations
& Clinical Psychoanalysis
by Otto Kernberg / 이재훈

순수 심리치료 분야

성격에 관한 정신분석학적 연구
Psychoanalytic Studies of the Personality by Roanld Fairbairn/이재훈

나의 이성, 나의 감성
My Head and My Heart by De Gregorio, Jorge /김미겸

환자에게서 배우기
Learning from the Patient by Patrick J. Casement/김석도

의례의 과정
The Ritual Process by Victor Turner/ 박근원

대상관계이론과 정신병리학
Object Relations Theories and Psychopathology by Frank Summers /이재훈

정신분석학 주요개념
Psychoanalysis : The Major Concepts, by Moore & Fine/이재훈

대상관계 단기치료
Object Relations Brief Therapy by Michael Stadter/이재훈·김도애

임상적 클라인
Clinical Klein by R. D. Hinshelwood/이재훈

살아있는 동반자
Live Company by Anne Alvalez /이재훈·박영란

대상관계 가족치료
Object Relations Family Therapy by Jill Savege Scharff & David E. Scharff/이재훈

대상관계 집단치료
Object Relations, the Self and the Group by Charles Ashbach & Victor L. Shermer/이재훈

스토리텔링을 통한 어린이 심리치료
Using storytelling as a therapeutic tool with children by Sunderland Margot/이재훈 외

자폐아동과 정신분석
Autismes De L'enfance by Roger Perrson & Denys Ribas/권정아·안석

초보자를 위한 대상관계 심리치료
The Primer of Object Relations Therapy by Jill & David Scharff/오규훈·이재훈

인격장애와 성도착에서 의공격성
Aggression and Perversions in Personality Disorders/이재훈·박동원

대상관계 단기부부치료
Short Term Object Relations Couple Therapy by James Donovan /이재훈·임영철

왜 정신분석인가?
Une Psychanalyse Pourquoi? by Roger Perron/표원경

애도
Mourning, Spirituality and Psychic Change by Susan Kavaler-Adler/이재훈

독이 든 양분
Toxic Nourishment by Michael Eigen/이재훈

앞으로 출간될 책

소아정신의학에서 정신분석학으로
Through Paediatrics to Psychoanalysis by D. W. Winnicott

기독교 신앙과 관련된 심리치료 분야

종교와 무의식
Religion & Unconscious
by Ann & Barry Ulanov / 이재훈

희망의 목회상담
Hope in the Pastoral Care
& Counseling
by Andrew Lester / 신현복

살아있는 인간문서
The Living Human Document
by Charles Gerkin / 안석모

인간의 관계경험과 하나님경험
Human Relationship
& the Experience of God
by Michael St. Clair / 이재훈

신데렐라와 그 자매들
Cinderella and Her Sisters
by Ann & Barry Ulanov / 이재훈

현대정신분석학과 종교
Contemporary Psychoanalysis
& Religion
by James Jones / 유영권

살아있는 신의 탄생
The Birth of the Living God
by Ana-Maria Rizzuto / 이재훈

인간의 욕망과 기독교 복음
Les Evangiles au risque
de la Psychanalyse
by Françoise Dolto / 김성민

신학과 목회상담
Theology & Pastoral Counseling
by Debohra Hunsinger
/ 이재훈 · 신현복

성서와 정신
The Bible and the Psyche
by E. Edinger / 이재훈

목회와 성
Ministry and Sexuality
by G. L. Rediger / 유희동

상한 마음의 치유
Healing Wounded Emotions
by M. H. Padovani 외 / 김성민 외

예수님의 마음으로 생활하기
Living From the Heart Jesus Gave You
by James. G. Friesen 외 / 정동섭

신경증의 치료와 기독교 신앙
Ministry and Sexuality
by G.L.Rediger / 김성민

전환기의 종교와 심리학
Religion and Psychology in Transition
by James Johns / 이재훈

영성과 심리치료
Spirituality and Psychotherapy
by Ann Belford Ulanov / 이재훈

치유의 상상력
The Healing Imagination
by Ann Belford Ulanov / 이재훈

외상, 심리치료 그리고 목회신학
/ 김정선

그리스도인의 원형
The Christian Archetype
by Edward F. Edinger / 이재훈